FLYING COLORS

國旗的故事

世界國旗的設計、歷史與文化

繪者　**羅伯特・G・弗雷森**
Robert G. Fresson

作者　**羅賓・雅各布**Robin Jacobs

翻譯　**蔡伊斐**

CONTENTS目錄

你可以利用這本書最後面的地圖，
找出原本不知道的國家的具體位置在哪裡。

這是一本關於世界上各種國旗的書。

你可能在下面這些地方看過這些國旗……

飄揚在宮殿的屋頂上，

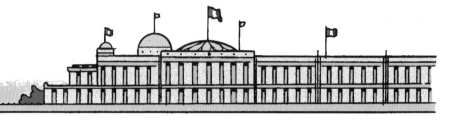

在重要的政府機關外排成長長的一列，

掛在窗外，

飄在高桅帆船的頂端，

畫在足球迷的臉上，

或是插在高級乳酪的
小竹籤上。

事實上，你可以在各種地方找到國旗，
不管是地球上哪一個國家，甚至在月球上都能看到。

但是為什麼國旗看起來像這樣？

美國國旗為什麼有**13**條橫線？
法國國旗為什麼是藍、白、紅？
日本國旗中央為什麼有一個大紅圈？

上面這些問題，以及其他更多、包羅萬象的問題都可以在這本書找到答案！

國旗從哪裡來？

最早的國旗看起來不太像國旗，在史前時代，有權力的人會利用高高的旗杆展示自己的地位，旗杆上有象徵符號，讓人們知道誰掌管大權，他們屬於哪一個團體，這種權力的符號稱為「旗戟（Vexilloid）」。

絲綢發源於古中國，中國人利用絲綢加上布條製作旗戟，重量更輕，遠遠就能輕易看見，幾世紀之後，這種布製的旗戟拓展到全亞洲，並進入中東與歐洲。

 12世紀，中古的歐洲戰場飄起橫幅旗幟，用來辨別君王與軍事領袖。

17世紀，國旗變得標準化也更簡單，用在船隻上作為識別。

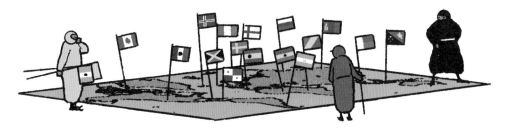

19世紀，用旗幟作為國家象徵的現代思想慢慢成型，到了20世紀尾聲，世界上所有國家都設計了一面旗幟來代表自己。

旗幟學 = 旗幟的研究

閱讀這本書的時候，你也許會看到一些不認識的字，這是旗幟學的用語，用來描述旗幟的特徵，一些重要的專有名詞說明請見下表。

旗幟的部位

UPPER HOIST	UPPER FLY
旗杆側上方	飛揚側上方
-	-
上方靠近旗杆的四分之一區域。	上方遠離旗杆的四分之一區域。
LOWER HOIST	LOWER FLY
旗杆側下方	飛揚側下方
-	-
下方靠近旗杆的四分之一區域。	下方遠離旗杆的四分之一區域。

FIELD
旗面

CANTON
四等分小區的左上角

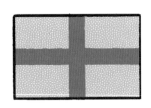

CROSS
十字

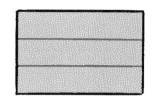

HORIZONTAL TRIBAND
水平三條旗

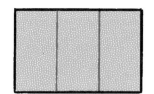

VERTICAL TRIBAND
垂直三條旗

PANEL BORDER
鑲邊

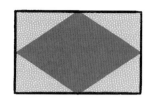

LOZENGE
菱形

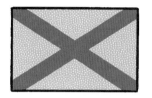

SALTIRE
X字

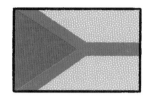

TRIANGLE PALL
Y型紋

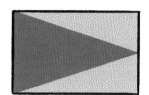

PILE
等腰三角形

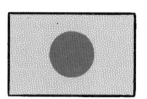

DISC
正圓形

BEND
對角飾帶

ENHANCED BEND
向上偏移的對角
飾帶

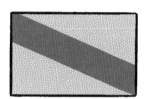

REDUCED BEND
向下偏移的對角
飾帶

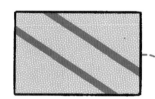

FIMBRIATED BEND
對角飾邊

FIMBRIATION 飾邊 - 意指用其他顏色
把旗幟中的元素框起來鑲邊。

INTRODUCING THE VEXILLOLOGISTS

介紹旗幟學家

讓我們五彩繽紛的一流專家帶你進入旗幟的世界！

藍色　　　黃色　　　黑色　　　綠色　　　紅色　　　白色

接下來好幾頁都會看到他們，為你示範旗幟是怎麼組成的。

CROSSES AND SALTIRES
十字與X字

在世界任何角落，十字這個形狀象徵了基督宗教的信仰，不過，直到西元四世紀以前，基督宗教的主要象徵其實是魚！直到西元326年聖海倫納（Saint Helena）發現真十字架，據說是釘死基督耶穌的十字架，這個發現讓十字代表殉難與救贖的概念流行起來。

-

X字是X型的十字架，四世紀後的羅馬錢幣上開始發現了一些使用X字的案例。

-

許多國家在國旗上使用十字作為主視覺，因為基督信仰是他們國家認同的重要一環。

馬爾他國旗上的聖喬治十字代表了1942年英國國王喬治六世授予馬爾他的軍事徽章。

MALTA馬爾他

THE DOMINICAN REPUBLIC多明尼加

在歐洲人殖民全球時，將基督信仰帶到他們造訪的每個地方，許多前殖民地的旗幟都有十字，多明尼加曾經被信奉天主教的西班牙統治許多年，而東加王國則曾經是大英帝國的一部分。

TONGA東加王國

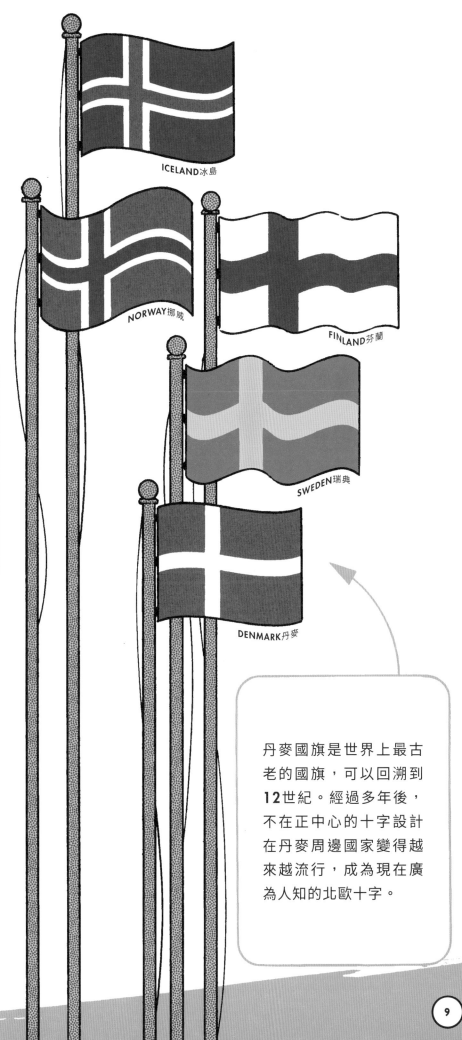

ICELAND冰島

NORWAY挪威

FINLAND芬蘭

SWEDEN瑞典

DENMARK丹麥

蒲隆地與牙買加在**1960**年代獨立，蒲隆地是非洲地區唯一使用**X**字的國家，牙買加的**X**字將蘇格蘭旗幟的形狀融入非洲民族議會（African National Congress；ANC）的顏色。

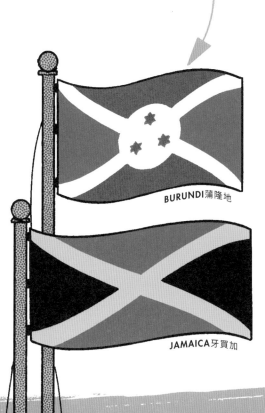

BURUNDI蒲隆地

JAMAICA牙買加

丹麥國旗是世界上最古老的國旗，可以回溯到**12**世紀。經過多年後，不在正中心的十字設計在丹麥周邊國家變得越來越流行，成為現在廣為人知的北歐十字。

THE FLAG OF
GREECE

希臘的國旗，又稱為「藍白旗」

白色十字

- 放入 -

藍色的
正方形

- 放上 -

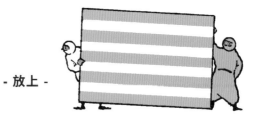
藍與白的
條紋旗面

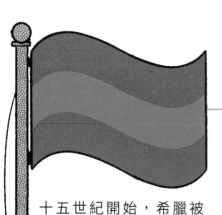

十五世紀開始，希臘被
鄂圖曼土耳其人統治，
在蘇丹治理時期，希臘
的船隻可以揚起上面有
藍色飾帶的紅色旗幟。

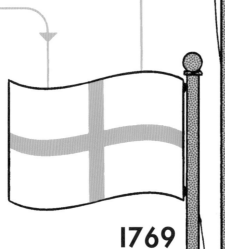

1769

在希臘與鄂圖曼土耳其帝
國的獨立戰爭中，這面旗
幟是受歡迎的革命符號。

1822

希臘贏得獨立戰爭後，
這面旗幟成為新的國
旗，船隻也使用有條紋
的旗幟作為海軍旗。

十字架是希臘東正教信仰的象徵。

1978

有條紋的海軍旗顯然非常受歡迎，經常與白色十字架藍色旗面的國旗並列，最後成為希臘正式國旗。

九條條紋代表希臘語中「Ελευθερία ή Θάνατος」的九個重音節，可以翻譯成「不自由毋寧死」，這是革命戰爭中，希臘對抗鄂圖曼土耳其帝國時呼喊的口號。

希臘國旗的藍色濃度從來沒有明確定義，可以從淡淡的天空藍到深色的皇家藍。

THE FLAG OF
SWITZERLAND

瑞士的國旗

- 放上 -

白色等邊
十字架

正方形的
紅色旗面

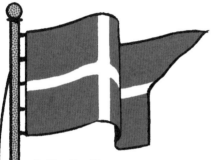

1000

神聖羅馬帝國使用紅色旗
面加上白色十字架，強調
皇室的正統以及基督殉難
的寶血。

1600s

火焰設計是瑞士邦聯使用的眾
多正方形軍事旗的其中一種。

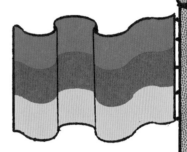

1798

法國入侵瑞士邦聯，宣告
這是瑞士的新國旗。這面
旗只用了兩年。

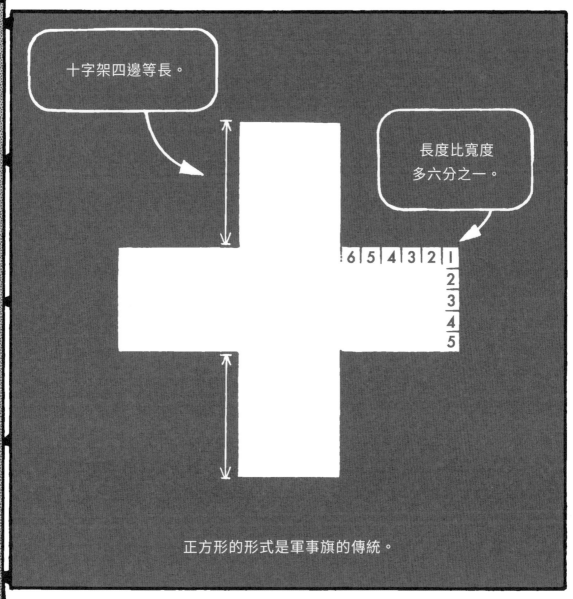

1840

瑞士將領恢復紅色旗面加上
白色十字架作為國旗。

世界上僅有兩個正方形國旗，瑞士
國是其中之一，你可以找出另一面
是哪一個國家的國旗嗎？

THE FLAG OF THE UNITED KINGDOM

英國的國旗，暱稱「聯合傑克」（Union Jack）

- 加上 - - 放上 - - 放上 -

鑲白邊的紅色十字架　　紅色的X字　　白色的X字　　深藍色的旗面

英格蘭的旗幟稱為聖喬治十字，可回溯到十字軍東征時期。

蘇格蘭的主保聖人聖安德魯（St Andrew）被釘X型十字架而死，因此蘇格蘭的旗幟被稱為聖安德魯十字（St Andrew's Saltire）。

1606年，國王詹姆斯一世（King James I）統一英格蘭與蘇格蘭，整合了兩面旗幟，成為「聯合旗」（Union Flag）。

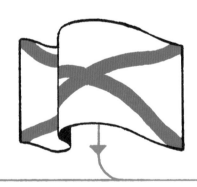

聖派翠克十字（St. Patrick's Saltire）是愛爾蘭的舊旗幟，1801年愛爾蘭成為聯合王國的一部分，國旗的設計加上了紅色的X字。

仔細看！

聯合傑克的設計不是對稱的。

在旗杆側，
聖安德魯X字比較高......

在飛揚側，
聖派翠克X字比較高......

你覺得
這是為
什麼?

? ←

威爾斯的旗幟沒有出現在聯合傑克上，你
要怎麼調整才能把威爾斯旗幟整合進去？

為什麼英國國旗又稱為「聯合傑
克」？英文中傑克「jack」可能來
自船頭旗桿「jackstaff」一字，但
也可能是國王詹姆斯一世的綽號。

FLAGS WITH THE UNION JACK
英國相關國旗

大英帝國全盛時期統治範圍達全世界**24%**，你可以在一些前殖民地的國旗看到大英帝國的遺跡。

AUSTRALIA 澳大利亞

自從**1901**年開始，聯合傑克一直在澳洲國旗的四等分小區左上角，國旗的主要特色還有七個角的澳大利亞聯邦之星與南十字星，南十字星是南半球才能看到的獨特星座。

NEW ZEALAND 紐西蘭

雖然紐西蘭的國旗常常和澳洲國旗混淆，**2016**年紐西蘭人投票結果還是決定保留這面國旗，而不是選擇新的設計。

FIJI 斐濟

斐濟國旗把聯合傑克放上淡藍色的旗面上，加上國家盾徽，斐濟曾經試著移除國旗上的殖民元素，但是在**2016**年放棄了修改國旗的想法。

TUVALU 吐瓦魯

吐瓦魯國旗上的九顆星象徵國家的九個島嶼，聯合傑克在**1996**年被移除了，但是一年後又放了回來，因為新版本的國旗非常不受歡迎。

除了這些國家，還有**28**個領地、聯邦與省分的旗幟上用了聯合傑克。

THE FLAG OF GEORGIA

喬治亞的國旗

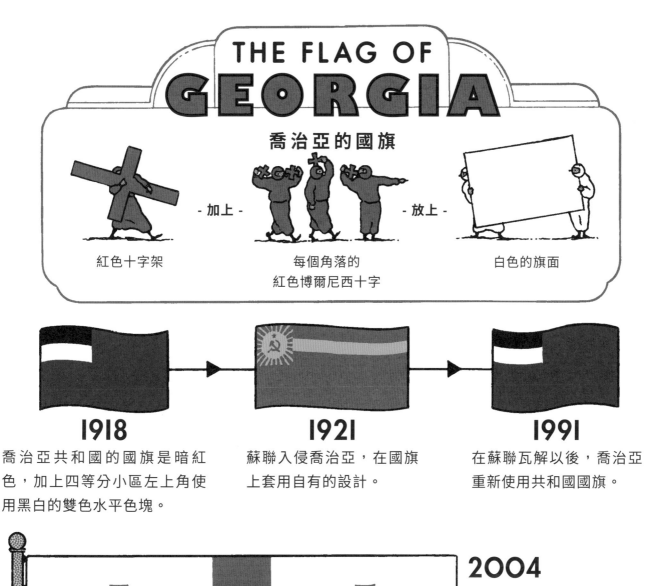

紅色十字架　-加上-　每個角落的
紅色博爾尼西十字　-放上-　白色的旗面

1918

喬治亞共和國的國旗是暗紅色，加上四等分小區左上角使用黑白的雙色水平色塊。

1921

蘇聯入侵喬治亞，在國旗上套用自有的設計。

1991

在蘇聯瓦解以後，喬治亞重新使用共和國國旗。

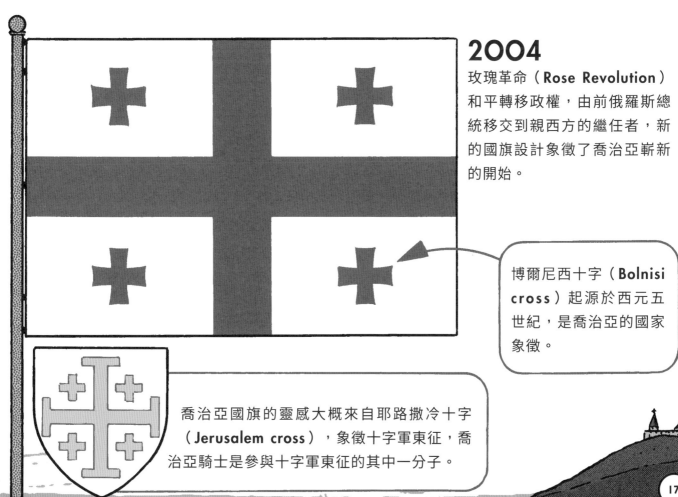

2004

玫瑰革命（Rose Revolution）和平轉移政權，由前俄羅斯總統移交到親西方的繼任者，新的國旗設計象徵了喬治亞嶄新的開始。

博爾尼西十字（Bolnisi cross）起源於西元五世紀，是喬治亞的國家象徵。

喬治亞國旗的靈感大概來自耶路撒冷十字（Jerusalem cross），象徵十字軍東征，喬治亞騎士是參與十字軍東征的其中一分子。

TRIBANDS

三條旗

全世界有超過**40%**的國旗設計時採用三條旗,甚至連火星都有一面三條旗!

火星

大部分的三條旗可以追溯到古老的歐洲旗幟,奧地利的國旗可以追溯到西元**1100**年代,傳說中公爵利奧波德五世(**Duke Leopold V**)看到自己的腰帶,因此有了靈感,當時公爵的外套被鮮血濡溼,只有原本腰帶繫住的地方保持完美的潔白。

-

在殖民時代,歐洲列國將三條旗帶到他們佔領的國家,獨立後,許多前殖民國家依然使用三條旗。

許多垂直三條旗的設計受到法國三色旗的影響,代表有別舊時代貴族政權的共和主義和自由。

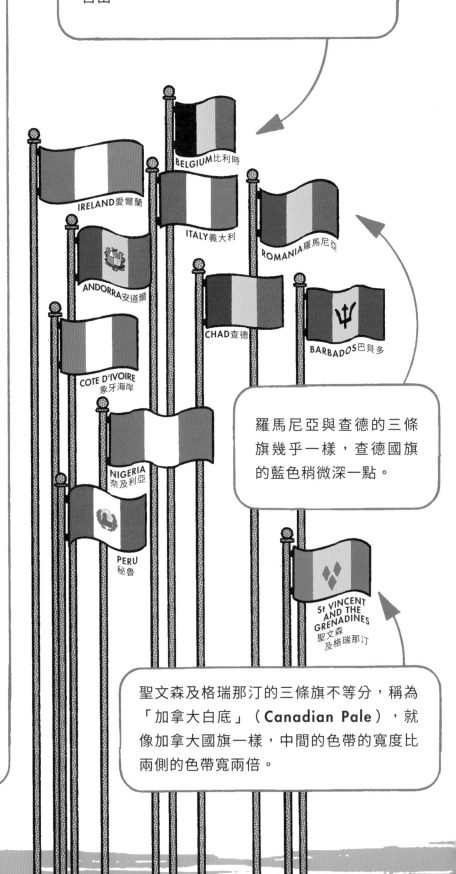

IRELAND愛爾蘭

BELGIUM比利時

ITALY義大利

ROMANIA羅馬尼亞

ANDORRA安道爾

CHAD查德

BARBADOS巴貝多

COTE D'IVOIRE
象牙海岸

NIGERIA
奈及利亞

PERU
秘魯

St VINCENT
AND THE
GRENADINES
聖文森
及格瑞那汀

羅馬尼亞與查德的三條旗幾乎一樣,查德國旗的藍色稍微深一點。

聖文森及格瑞那汀的三條旗不等分,稱為「加拿大白底」(**Canadian Pale**),就像加拿大國旗一樣,中間的色帶的寬度比兩側的色帶寬兩倍。

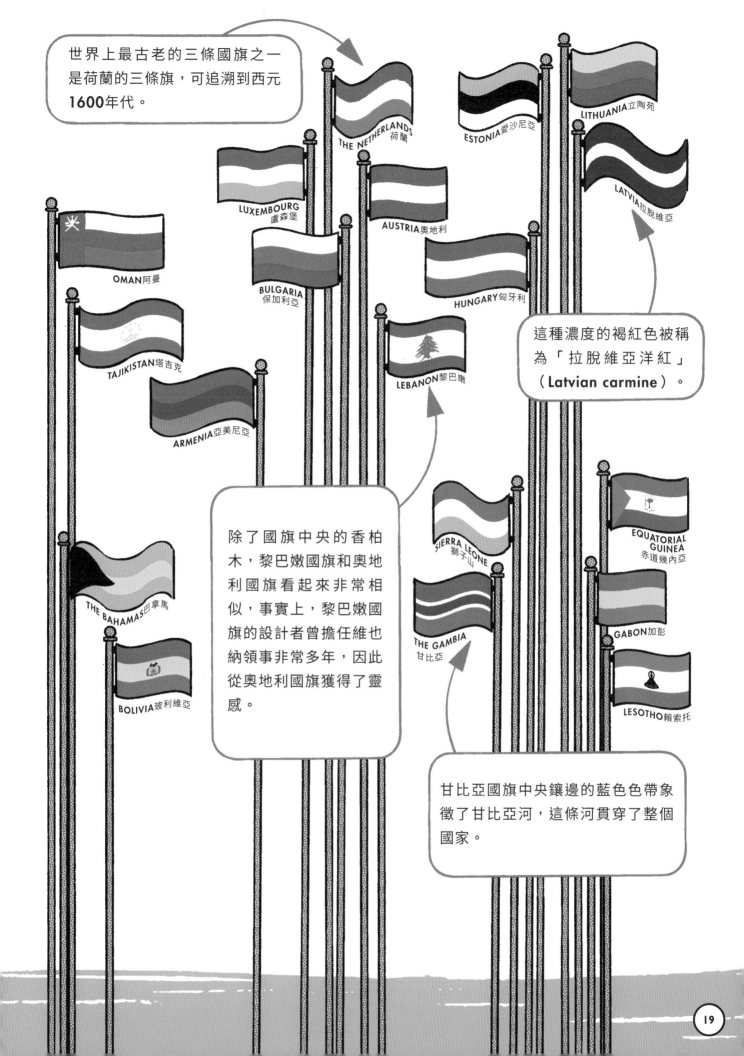

世界上最古老的三條國旗之一是荷蘭的三條旗，可追溯到西元1600年代。

THE NETHERLANDS荷蘭

ESTONIA愛沙尼亞

LITHUANIA立陶苑

LATVIA拉脫維亞

LUXEMBOURG盧森堡

AUSTRIA奧地利

OMAN阿曼

BULGARIA保加利亞

HUNGARY匈牙利

這種濃度的褐紅色被稱為「拉脫維亞洋紅」（Latvian carmine）。

TAJIKISTAN塔吉克

LEBANON黎巴嫩

ARMENIA亞美尼亞

EQUATORIAL GUINEA赤道幾內亞

SIERRA LEONE獅子山

除了國旗中央的香柏木，黎巴嫩國旗和奧地利國旗看起來非常相似，事實上，黎巴嫩國旗的設計者曾擔任維也納領事非常多年，因此從奧地利國旗獲得了靈感。

THE BAHAMAS巴拿馬

GABON加彭

THE GAMBIA甘比亞

BOLIVIA玻利維亞

LESOTHO賴索托

甘比亞國旗中央鑲邊的藍色色帶象徵了甘比亞河，這條河貫穿了整個國家。

19

THE FLAG OF
FRANCE
法國的國旗

垂直的
三色帶

以及

藍　　　　白　　　　紅

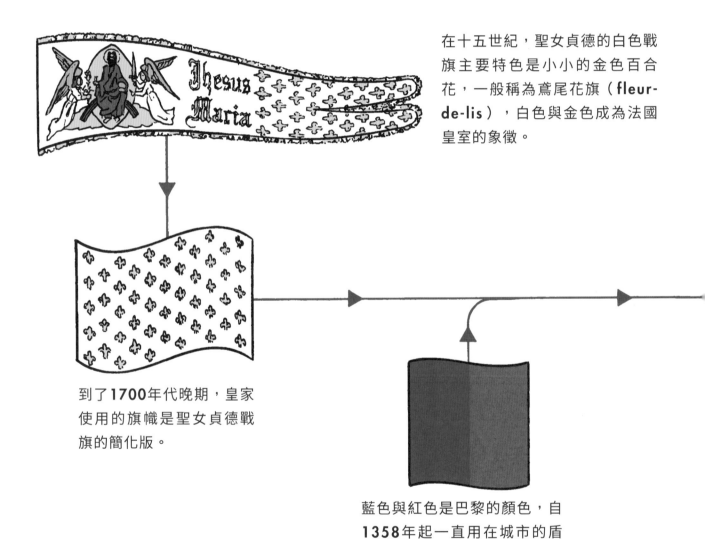

在十五世紀，聖女貞德的白色戰旗主要特色是小小的金色百合花，一般稱為鳶尾花旗（fleur-de-lis），白色與金色成為法國皇室的象徵。

到了**1700**年代晚期，皇家使用的旗幟是聖女貞德戰旗的簡化版。

藍色與紅色是巴黎的顏色，自**1358**年起一直用在城市的盾徽上。

藍色是聖馬汀（St.
Martin）的顏色，
傳說中他將自己的藍
色斗篷撕成兩半，送
給在風雪中凍壞的乞
丐。

新增白色，讓巴黎代
表色轉為全國代表
色，意指法國的君主
歷史。

紅色是巴黎主保
聖人聖德尼（St.
Denis）的顏色。

另一種解釋則認為白
色與法國的國家格言
有關：

自由 --------- 平等 --------- 博愛

三色旗出現在1794年，但是直到1830年前斷斷續
續沒有正式使用，直到平民國王路易腓力（Louis
Philippe）找回三色旗，一直使用到今日。

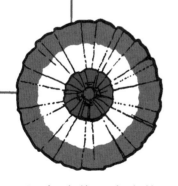

1789年攻佔巴士底的風暴
之後，拉法耶特侯爵（The
Marquis de Lafayette）宣
告革命派應該在帽子上配戴
紅、白、藍三色緞帶花（即
為帽徽）。

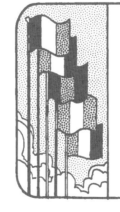

三色旗在世界各地的國旗設計上
影響極大，自1800年代中期開
始，許多新獨立國家選擇使用垂
直的三條旗，象徵他們共和政體
的國家身份。

CENTRAL AMERICAN FLAGS

中美洲的國旗

在1820年至1830年代間，幾個中美洲國家脫離西班牙獨立，成立

「中美洲聯邦共和國」。

三條旗反映了各國政府建立共和政體的理想。

旗幟的顏色代表中美洲的地理位置，也就是位於太平洋與大西洋之間。

1823

1839年時，內戰造成中美洲聯邦共和國瓦解，各國分裂。這些國家都從原本的共和國國旗帶走了一些設計元素。

GUATEMALA瓜地馬拉

瓜地馬拉就像鄰國墨西哥一樣，改使用
垂直三條旗。

EL SALVADOR薩爾瓦多

薩爾瓦多的盾徽代替原本的紋飾，並加深藍
色色帶的顏色。

HONDURAS宏都拉斯

中央的五個藍色星星代表前共和國的
五個聯邦。

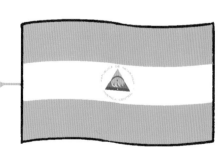

NICARAGUA尼加拉瓜

尼加拉瓜的國旗與原本共和國國
旗最接近。

COSTA RICA哥斯大黎加

哥斯大黎加的國旗在1848年重新大幅修改
設計，受到法國國旗影響，並加深藍色部分
以便於搭配。

THE FLAG OF
CANADA

加拿大的國旗

放在
不等分的
三條
色帶上

紅色的楓葉

紅色、白色、紅色

過去在殖民時代加拿大多半使用英國國旗與法國國旗，直到1960年代，國旗使用英國的紅船旗，飛揚側加上加拿大盾徽的盾牌。

國旗大辯論（THE GREAT FLAG DEBATE）

1963年，總理萊斯特皮爾森（Lester B. Pearson）組織委員會，為加拿大選出正式國旗，紅船旗在加拿大英語區很受歡迎，但問題是法語區魁北克反對使用英國國旗。

爭鬧不休之後提出了新的國旗，這面國旗又稱為皮爾遜信號旗（Pearson's Pennant），但是仍舊沒有人滿意，再次引爆爭議。

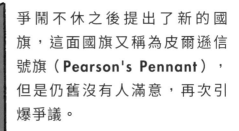

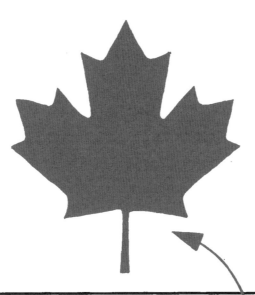

1964

加拿大議會決定使用喬治·史丹利
（George Stanley）設計的國旗。

自19世紀開始，楓葉成
為流行的加拿大國家代
表符號。

但是楓葉的十一個尖角代表什
麼呢？什麼都不是！這樣設計
只是為了國旗在風中飛揚時看
起來很好看而已。

THE FLAG OF
MONGOLIA
蒙古的國旗

-放在國旗-
的旗杆側

黃色的國家符號

加上紅、藍、紅三條旗

藍色代表天空。

紅色代表蒙古人
正面迎擊困厄的
堅毅精神。

蒙古的國家符號稱為索
永布（Soyombo）。

1992

火焰代表復甦、成長與
家家戶戶的壁爐，

日月指的是蒙古文化中
對大自然的重視。

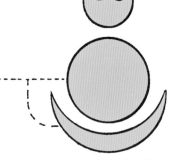

向下的三角形代表箭頭與仇敵死絕。

兩個瘦瘦扁扁的長方形代表統治者
與人民之間的誠信與公義。

陰陽符號
代表男女和諧。

兩個豎直的長方形代表團結與力量，
出自一句蒙古箴言：
「兩人的友誼比石牆更強大。」

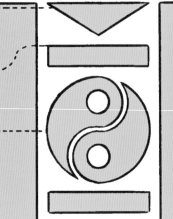

THE FLAG OF COLOMBIA
哥倫比亞的國旗

- 加上 -
藍色色帶

- 放在 -
紅色色帶

兩倍寬的
黃色色帶之下

1861

這面旗幟由發起革命的自由鬥士將軍米蘭達（Francisco de Miranda）設計，他認為由黃、藍、紅組成的主要顏色非常有氣勢，並寫下自己的天命是：「在（我的）土地上建立一個原色不受任何扭曲的地方。」

黃色代表黃金。

藍色代表海洋、河流與天空。

紅色代表獨立戰爭與哥倫比亞人的堅毅。

從1821年到1831年之間，哥倫比亞屬於大哥倫比亞共和國的一部分，其中還包括厄瓜多與委內瑞拉，從這些國家目前使用的國旗，你可以看出他們共通的歷史嗎？

VENEZUELA委內瑞拉

GRAN COLOMBIA
大哥倫比亞共和國

ECUADOR厄瓜多

THE FLAG OF
SPAIN
西班牙的國旗

 — 安放在 —  — 放上 —

西班牙的盾徽 　　　　　兩條紅色色帶 　　　　　黃色的旗面
　　　　　　　　　　　　中央

1785

國王查理三世（**King Charles III**）選擇這面旗幟，因為在海上看起來非常顯眼。

1931

君主制遭到廢除，共和國旗幟加上紫色。

1938

新任獨裁者佛朗哥（**Francisco Franco**），將旗幟改回紅色與黃色，但加上了黑色的老鷹。

1981

佛朗哥對盾徽的修改被淘汰，這是今天西班牙國旗看起來的樣子。

黃色色帶是紅色色帶的兩倍高，任何使用這種比例的三條旗都被稱為「西班牙中帶」（**Spanish Fess**）。

盾徽是用西班牙四個中世紀王國組成，包含卡斯蒂利亞（Castile）、雷昂（Leon）、亞拉岡（Aragon）、納瓦拉（Navarre），底部的石榴代表格拉納達（Granada），兩側的柱子代表直布羅陀（Gibraltar）與休達（Cueta），國家格言「plus ultra」，意指「領土比遠方更遠」，指的就是西班牙的殖民力量。

加泰隆尼亞（Catalunya）是西班牙積極爭取獨立的區域，長期發起運動意圖與西班牙其他區域分離，許多人會在自家窗外升起藍色的「星旗」（Estalada），表達支持獨立。

THE FLAG OF
GERMANY
德國的國旗

水平的
三條旗

黑色　　　　　　紅色　　　　　　　　　　　金色

1866-1918

普魯士統一德國其他二十一個洲並組成德意志邦聯時，採用了黑、白、紅的三條旗，最後成為德意志帝國的國旗。

1919

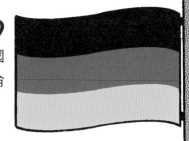

威瑪共和國採用的國旗即為我們今日已知的德國國旗，一般認為顏色最初來自1820年代反拿破侖學生反叛份子身上穿的制服。

1933

希特勒掌權時引進了納粹黨旗，使用皇家顏色，主要特徵是卍字符號，這是古老的印度符號，納粹用來代表亞利安人的優越。

1948

在二次世界大戰以後，德國分裂為二：共產主義的東德和資本主義的西德。於是出現了許多旗幟的提案，像是這面旗幟主要使用威瑪共和國的顏色，加上北歐十字。

不管是東德或西德，最後都選擇回到威瑪
共和國的三條旗，不過在1959年，東德
決定在旗幟加上自己的盾徽。西德非常憤
怒，稱這面旗是「分離者旗幟」。

1989

在1989年柏林圍牆倒塌後，許多東德人將盾徽從自己
的旗幟上拿下，恢復使用三條旗。

DIAGONALS

斜紋

最能完美描述對角線視覺效果的形容
詞：朝氣！

平面設計會使用斜紋或文字，製造氣
勢與前進的感受，這就是為什麼下面
這些國家的國旗可以找到斜紋圖騰。

-

毫無例外，這些國家全部都是歐洲列
強的前殖民地，他們使用斜紋來反映
自己對未來的抱負。在旗幟學中，斜
紋色帶或曲線有助將國旗設計與歐洲
國旗的長方形三條旗與十字作出區
隔。

St KITTS AND NEVIS
聖克里斯多福及尼維斯

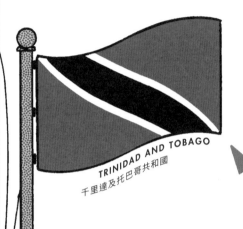

TRINIDAD AND TOBAGO
千里達及托巴哥共和國

千里達及托巴哥共和國有
飾邊的黑色色帶是「斜
下」，從旗杆側上方到
飛揚側下方，在旗幟學
中比較少見，但在紋章
學很常見，稱為「bend
dexter」，拉丁文中意指
「右傾」，另一種「上
移」的色帶稱為「bend
sinister」，拉丁文中意指
「左傾」。

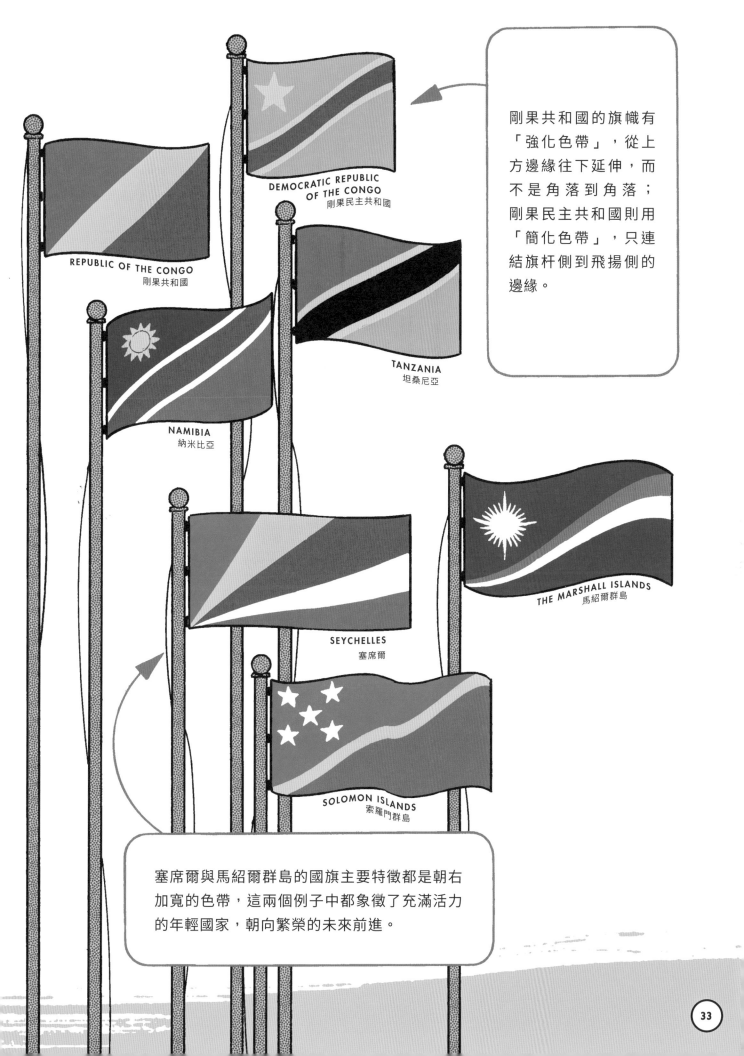

REPUBLIC OF THE CONGO
剛果共和國

DEMOCRATIC REPUBLIC
OF THE CONGO
剛果民主共和國

NAMIBIA
納米比亞

TANZANIA
坦桑尼亞

SEYCHELLES
塞席爾

THE MARSHALL ISLANDS 馬紹爾群島

SOLOMON ISLANDS
索羅門群島

剛果共和國的旗幟有「強化色帶」，從上方邊緣往下延伸，而不是角落到角落；剛果民主共和國則用「簡化色帶」，只連結旗杆側到飛揚側的邊緣。

塞席爾與馬紹爾群島的國旗主要特徵都是朝右加寬的色帶，這兩個例子中都象徵了充滿活力的年輕國家，朝向繁榮的未來前進。

THE FLAG OF
VANUATU
萬那杜的國旗

  -放入- 黑色的三角形 -鑲上- 帶黑色飾邊的 黃色 Y 型紋 -分開- 紅色與綠色的旗面

國徽　　　　黑色的三角形　　　帶黑色飾邊的
　　　　　　　　　　　　　　　黃色 Y 型紋　　　紅色與綠色的旗面

1980年，當萬那杜的太平洋群島從法國與英國手中獲得獨立時，他們選擇使用紅色、綠色與黑色設計的國旗，這些顏色在美拉尼西亞國家很受歡迎。

紅色象徵了屠熊的習俗，是一種古老的島嶼儀式。

黃色的Y型紋同時象徵了萬那杜島嶼的形狀以及真理的亮光。

綠色代表島嶼植披的茂盛。

黑色象徵萬那杜的人民。

熊的尖牙呈現螺旋形，代表興旺，島上的居民經常當作吊墜配戴。在螺旋中央是當地的羊齒植物，名為「namele」的蕨葉。

THE FLAG OF
ERITREA
厄利垂亞的國旗

-放入-　　　　　　-分開-

國徽　　　　　紅色等腰　　　　綠色與藍色的旗面
　　　　　　　三角形

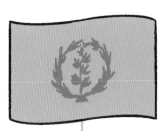

1952

在英國殖民統治時期之後，聯合國幫助厄利垂亞成為
自治國家，藍色的旗面和橄欖葉花環是受到聯合國旗
幟的影響。

1961

厄利垂亞遭到衣索比亞併吞，厄利垂亞人民解放陣線發起
血腥的戰役對抗新一波外國勢力佔據國土，旗幟上的星星
展現這個組織的社會革命理想。

1993

最後這個國家終於獲得獨立，厄利垂亞人民解放陣線的星星被先前國旗上的
花環取代了，代表和平的意思。

PAN-ARAB Colors

泛阿拉伯顏色

泛阿拉伯顏色包括了白色、黑色、綠色、紅色。

幾世紀以來，許多阿拉伯王朝統治北非與中東各個部分，這些王朝的旗幟都使用單一顏色，最知名的是**奧瑪雅王朝**（Umayyads）、**阿拔斯王朝**（Abbasids）、**法蒂瑪王朝**（Fatimids）和**哈希姆王朝**（Hashemites），1916年，一群阿拉伯民族主義份子起義抵抗當時統治的鄂圖曼土耳其人，他們揚起集結四個王朝所有顏色的旗幟，這場阿拉伯起義（Arab Revolt）的旗幟成為後來許多阿拉伯國家國旗的靈感來源。

-

1952年，埃及的共和主義革命者推翻國王，終結埃及的英國佔領時期，他們揚起紅、白、黑三條旗，這種組合成為後來廣為人知的阿拉伯解放（Arab Liberation）旗幟。希望用共和主義的理想彼此結盟的阿拉伯各邦，會根據這面三條旗為基礎選擇自己的國旗。

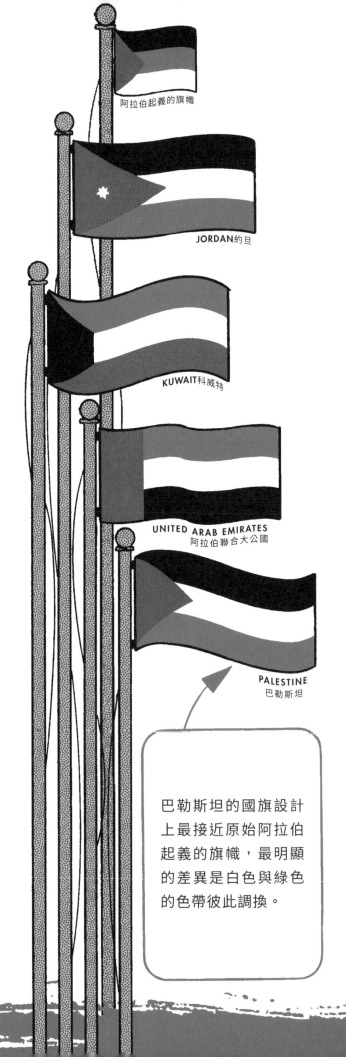

阿拉伯起義的旗幟

JORDAN 約旦

KUWAIT 科威特

UNITED ARAB EMIRATES
阿拉伯聯合大公國

PALESTINE
巴勒斯坦

巴勒斯坦的國旗設計上最接近原始阿拉伯起義的旗幟，最明顯的差異是白色與綠色的色帶彼此調換。

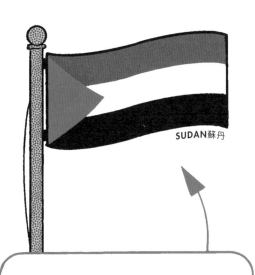

SUDAN蘇丹

埃及國旗中央的徽章稱為「薩拉丁之鷹」（Eagle of Saladin），取自開羅城堡城牆上老鷹的雕刻，1950年代時用來代表阿拉伯的身份認同。

蘇丹使用泛阿拉伯顏色，不過用了綠色的三角形疊在阿拉伯解放的三條旗上，這面旗幟反映出蘇丹與埃及緊密的關聯。

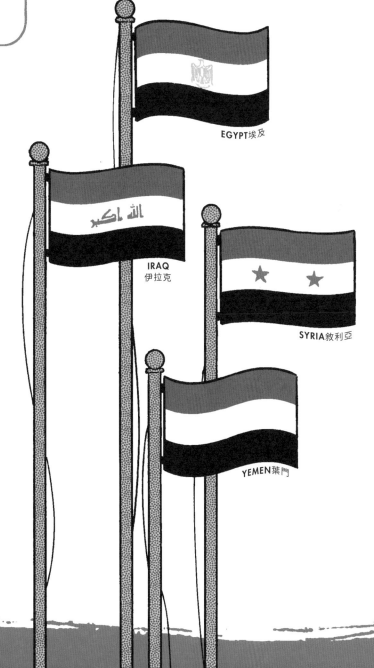

EGYPT埃及

IRAQ
伊拉克

SYRIA敘利亞

YEMEN葉門

THE FLAG OF
SAUDI ARABIA
沙烏地阿拉伯的國旗

白色的清真言
（Shahada）

- 置於上方 -

白色的阿拉伯彎刀
（sabre）

- 放上 -

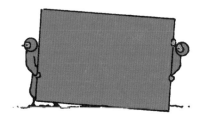

綠色的旗面

The Saudi flag has remained largely unchanged since the early 20th century.

從20世紀早期開始，沙烏地國旗原本的樣貌保留至今，幾乎沒有改變。

綠色與法蒂瑪王朝有關，法蒂瑪是先知穆罕默德的女兒。伊斯蘭文化中禁止再現藝術，所以書法藝術高度發展。

上面這段銘文即為清真言，是伊斯蘭對信仰的證詞，可以翻譯為下文：

「萬物非主，唯有真主，穆罕默德是主的使者。」

旗幟兩面的方向一樣，所以無論如何都可以正確讀出來。

阿拉伯彎刀指向左側，也就是你閱讀清真言的方向：從右讀到左。

旗幟的設計受到極端教派瓦哈比主義（Wahhabism）的影響，自18世紀以來在旗幟上使用清真言，1902年加上了阿拉伯彎刀，代表沙烏地信仰中的戰鬥精神。

雖然其他國家的國旗也有小的清真言銘文，但只有沙烏地國旗將這段文字放置在中央。

THE FLAG OF
TURKEY

土耳其的國旗

又稱為紅旗「AL BAYRAK」

白色的新月星　　　　- 放上 -　　　　紅色的旗面

新月星符號與土耳其古老的歷史有很深的根源，早在西元前13世紀就出現在蘇美人的古物上，代表外地宗教的月亮與太陽神；之後，這個符號出現在一世紀拜占庭文化中，代表羅馬的月亮女神露娜（Luna）與雅典娜（Diana）。

1844

伊斯蘭鄂圖曼土耳其帝國作為東西方世界的中心達6世紀之久，
在18世紀晚期，引入新月星作為國家符號，之後成為帝國國旗。

1936

鄂圖曼人統治土耳其後，國旗相較之下維持不變，新月變得稍微瘦
一點，星星的尖角從五角變成八角，最後又改回五角星。

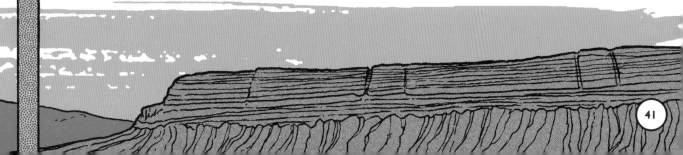

CRESCENT MOONS

新月

一般人都會認為新月星是伊斯蘭符號，但事實上新月星比伊斯蘭早兩千年出現，大約西元前1500年曾出現在古老的美索不達米亞藝術作品上。

直到鄂圖曼將新月星與伊斯蘭信仰連結，這個符號才成為伊斯蘭文化的代表，鄂圖曼土耳其帝國統治長達600年，在帝國鼎盛時期，影響力從中歐延伸到西亞，甚至下達北非。

許多穆斯林國家在20世紀的歷史演進之後，從鄂圖曼土耳其的勢力中擷取靈感，將新月星納入自己的設計，進一步鞏固了這個符號與伊斯蘭信仰的連結。

阿爾及利亞、突尼西亞、阿薩拜疆曾經有一段時間落入鄂圖曼土耳其帝國掌控。

AZERBAIJAN 阿薩拜疆

TUNISIA
突尼西亞

ALGERIA
阿爾及利亞

MAURITANIA
茅利塔尼亞

茅利塔尼亞國旗是世界上唯二兩面國旗沒有使用紅色、白色或藍色，你可以找出另一面是哪一個國家嗎？

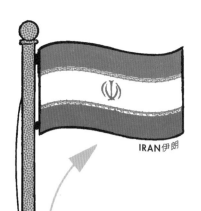

IRAN伊朗

TURKMENISTAN土庫曼

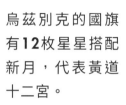

UZBEKISTAN烏茲別克

伊朗使用的新月的方式不太常見，四枚新月排列組成鬱金香的形狀，是象徵殉難的波斯符號。

土庫曼擁有世界上最複雜的國旗，上面的圖騰代表國家的地毯編織業。

烏茲別克的國旗有**12**枚星星搭配新月，代表黃道十二宮。

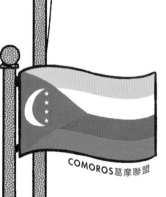

COMOROS葛摩聯盟

PAKISTAN巴基斯坦

MALAYSIA馬來西亞

SINGAPORE新加坡

最初馬來西亞的國旗有一枚五角星，但是看起來會與共產主義產生過多聯想，所以星星加上更多角。

新加坡是唯一一個在國旗上使用新月的非穆斯林國家，五顆星的設計受到中國國旗的影響。

THE FLAG OF LIBYA
利比亞的國旗

放上
- 不等分的 -
三條旗

白色新月星

紅色、黑色、綠色

1951

利比亞獲得獨立，由伊德瑞斯國
王（Mohammed Idris Al-Senussi
I）統治，他的白色新月星的徽章
放在黑色背景上，這是受到土耳
其國旗的影響。

1969

格達費將軍（Colonel Qaddafi）
推翻君主制，他從阿拉伯解放的
旗幟得到靈感設計國旗。

1977

因為惱怒埃及，格達費將國旗
改為綠色旗面，代表格達費尋
找新水資源與創造農業綠色革
命的目標，當時這是世界上唯
一一面採用單色設計的國旗。

2011

格達費遭到推翻，重新恢復使用
1951年版本的國旗

THE FLAG OF
AFGHANISTAN
阿富汗的國旗

國徽

放上
- 垂直的 -
三條旗

黑色、紅色、綠色

過去一世紀裡，阿富汗這個國家經歷許多政治動盪，具體反映在國旗變更了整整21次
這件事上，遠超過世界上任何一面國旗！

1901

阿富汗打造了新的國徽，圖中是面
對麥加的清真寺，由旗幟、大砲、
長劍與麥捆圍繞。

1928

阿富汗擺脫英國統治成為獨立國家，國王
阿曼諾拉・汗（King Amanullah Kahn）
可能受到德國國旗的影響，以三條旗作為
國旗。

2013

從國王、共產主義者到塔利班，
阿富汗歷經無數的政權轉移後，
1901年的國徽與國王阿曼諾拉・
汗三條旗的色彩，仍可以在今日的
國旗上看到。

THE FLAG OF
BRUNEI
汶萊的國旗

國徽

－放上－

黑與白向下偏移的
對角飾帶

－放上－

黃色的旗面

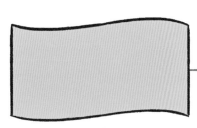

直到20世紀，汶萊的國旗是單一黃色
旗面，代表蘇丹。

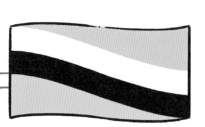

1906年，汶萊變成英屬保護國，國旗加
上兩條對角色帶，代表汶萊大臣。

1959年國家立憲，
國旗加上了國徽。

汶萊的國徽設計於15世紀，圖像包含用慈愛的雙手圍繞的
新月，並有代表王權的華蓋遮頂。阿拉伯文的銘文意思是
「在神的指引下永遠服務」以及「汶萊和平之國」。

THE FLAG OF
THE MALDIVES

馬爾地夫的國旗

-放上-

白色的新月

綠色的色板

-放上-

紅色的旗面

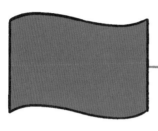

多年來馬爾地夫的國旗是素面的紅色旗面，和安曼、卡達、科威特與其他中東領土一致。

1926

擁有更明確的國旗變得越來越必要，馬爾地夫新國旗上的綠色色版與白色新月出自伊斯蘭。

1965

馬爾地夫獲得獨立，修改了國旗，旗杆側的條紋移除，新月水平翻轉朝向旗幟飛揚側。

ANIMALS

動物

神話裡的動物或是真實世界的各種生物是國旗重要的一部分，動物通常象徵我們希望在自己身上看到的特徵，例如勇敢、力量或美麗。雖然有些國家的國旗上沒有放上國家動物，不過你知道代表自己國家的動物是什麼嗎？

MONTENEGRO蒙特內哥羅

ALBANIA
阿爾巴尼亞

DOMINICA多米尼克

GUATEMALA瓜地馬拉

多米尼克西色羅鸚鵡（Sisserou）

這種鸚鵡的顏色讓多米尼克成為少數在國旗上使用紫色的國家之一。

瓜地馬拉輝綠咬鵑（Resplendent Quetzal）

綠咬鵑代表瓜地馬拉人民脫離西班牙統治下獲得自由。

阿爾巴尼亞與蒙特內哥羅雙頭鷹

雙頭鷹是一種古老的符號，可以回溯到羅馬與拜占庭時代，15世紀，當阿爾巴尼亞人起身反抗鄂圖曼時，雙頭鷹符號開始在巴爾幹半島流行起來。

UGANDA烏干達

BHUTAN不丹

PAPUA NEW GUINEA
巴布亞新幾內亞

SRI LANKA斯里蘭卡

烏干達
灰冠鶴

灰冠鶴實際上是烏
干達的軍事符號，
從英國統治時期沿
用至今。

巴布亞新幾內亞
天堂鳥

巴布亞新幾內亞原
生的天堂鳥代表了
國家一體化。

斯里蘭卡
金獅

手中握著喀斯坦
（KASTANE）軍刀
的金獅，代表斯里
蘭卡人民的勇敢。

不丹
雷龍（Druk）

不丹的國名事實上
是以神話裡的龍命
名，雷龍的爪子裡
握著四件珠寶。

THE FLAG OF MEXICO
墨西哥的國旗

放上垂直的三條旗

國徽　　　　　　　　　　　　　綠、白、紅

1810

有些人認為瓜達盧佩聖母（**Virgin Guadalupe**）的旗幟是墨西哥第一面國旗，當時天主教神父米格爾·伊達爾戈（**Miguel Hidalgo**）第一次起義對抗西班牙統治時高舉著這面旗幟。

這是最後擊敗西班牙時的軍旗，這支軍隊被稱為「三大保證軍」（**Three Guarantees**），因為軍隊承諾保護國家的宗教、統一與獨立。

1821

墨西哥終於獲得獨立時使用的旗幟與今日我們熟悉的國旗類似，不過，老鷹帶著皇冠，鳥喙沒有叼著毒蛇。

1968

隨著時間過去，中央國徽變成我們今日看到的樣子。

國徽描繪的是古老阿茲特克傳說，特諾奇蒂特蘭（Tenochtitlan；今墨西哥市）的創立者看見湖的中央有一頭老鷹站在仙人掌上，喙中叼著一條蛇，最後他在看見這幅景象的同一個地點建造了特諾奇蒂特蘭城，下方用緞帶將橡木與桂冠花環繫在一起，緞帶的顏色是國家代表色。

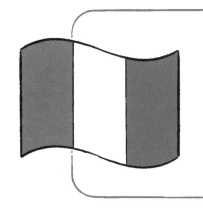

如果你曾經誤以為墨西哥的國旗是根據義大利國旗設計，這是可以理解的。不過墨西哥國旗其實比義大利國旗服役時間更長，而且上面的綠色顏色更深；兩者都受到法蘭西共和的三色旗影響。

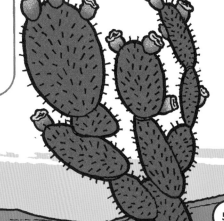

THE FLAG OF
KIRIBATI
吉里巴斯的國旗

黃色升起的太陽
與軍艦鳥

- 加上 -

三條白色的
波浪色帶

- 放上 -

紅與藍的旗面

1937

吉里巴斯曾經屬於吉爾伯特群島和
艾利斯群島的一部分，也就是大英
帝國的殖民地。

盾徽描繪了吉里巴斯的金色原生
軍艦鳥，飛過冉冉升起的太陽。

17道太陽的光
芒代表16座吉
爾伯特群島和
巴納巴島。

1979

吉里巴斯成為獨立國家，新的國旗
依據殖民地的盾徽設計。

三條白色條紋代表三個島
群：吉爾伯特島、鳳凰群
島與萊恩群島。

摩爾多瓦的國旗

放上垂直
的三條旗

國家盾徽

藍、黃、紅

摩爾多瓦公國（1346-1859）使用紅色旗幟加上野牛的頭像，這是現已絕種的歐洲公牛，周圍有玫瑰、新月與星星。

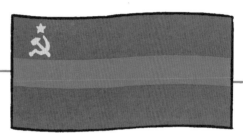

國家的統治權從鄂圖曼轉移給蘇聯、再到德國、羅馬尼亞，然後回到蘇聯。1952年，摩爾多瓦採用蘇聯的旗幟，並加上綠色條紋代表農業。

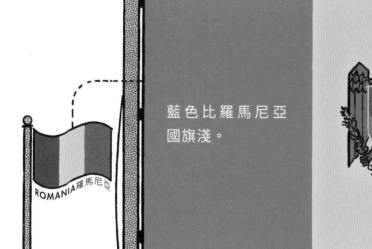

藍色比羅馬尼亞國旗淺。

野牛符號放入老鷹的框架中。

ROMANIA羅馬尼亞

1990

在蘇聯瓦解後，摩爾多瓦採用藍、黃、紅的羅馬尼亞三條旗，展現摩爾多瓦與鄰國的團結一致。近期，該國提出其他的國旗替代方案，好讓摩爾多瓦的國旗更特殊、更容易區分。

THE FLAG OF
ST LUCIA

聖露西亞的國旗

 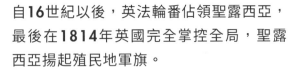

黃色三角形 — 放上 — 白色飾邊的黑色三角形 — 放上 — 淺藍色旗面

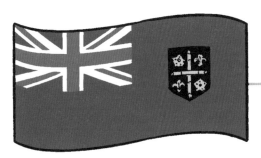

1939

自16世紀以後，英法輪番佔領聖露西亞，最後在1814年英國完全掌控全局，聖露西亞揚起殖民地軍旗。

聖露西亞頂飾以兩根竹子組成的十字架為主要特色，四等分包含兩朵代表法國的鳶尾花，兩朵代表英格蘭的都鐸玫瑰。

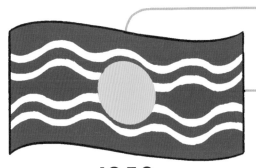

1958

聖露西亞成為西印度群島聯邦的一部分，與其他加勒比海上的島嶼共同組成，這些地方都曾經是英國殖民地，旗幟代表在加勒比海上閃閃發亮的太陽。這個聯邦最後沒有成功，在1962年瓦解。

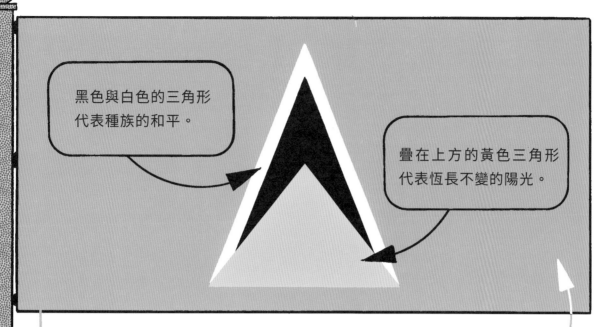

1967

聖露西亞成為大不列顛聯邦一員，從那時開始製作了新的國旗。聖露西亞在 **1979** 年完全獨立，最後國旗上拿掉了聯合傑克的圖樣。

PANAMA巴拿馬

CHILE智利

SURINAME蘇利南

EAST TIMOR東帝汶

SOMALIA索馬利亞

DJIBOUTI吉布地

星星

從早期文明開始，人類會看著星星猜測星星隱藏的秘密，有些文化發明了與神祇相關的故事，有些國家將星星連在一起組成星座。探索家利用星星航行於陌生的海域，天文學家則研究星星，探索關於我們星球的最新真相。

隨著時間過去，星星的符號對不同的人來說代表不同事情，像是星星可能代表希望、獨立、統一、革命等，這只是其中一些含義，星星是旗幟學中常見的元素，特別在**20**世紀成立的國家中很流行。

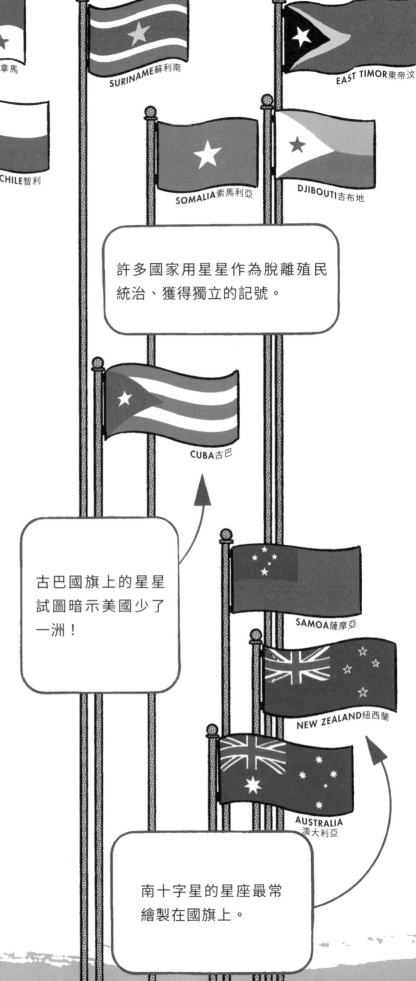

許多國家用星星作為脫離殖民統治、獲得獨立的記號。

CUBA古巴

古巴國旗上的星星試圖暗示美國少了一洲！

SAMOA薩摩亞

NEW ZEALAND紐西蘭

AUSTRALIA
澳大利亞

南十字星的星座最常繪製在國旗上。

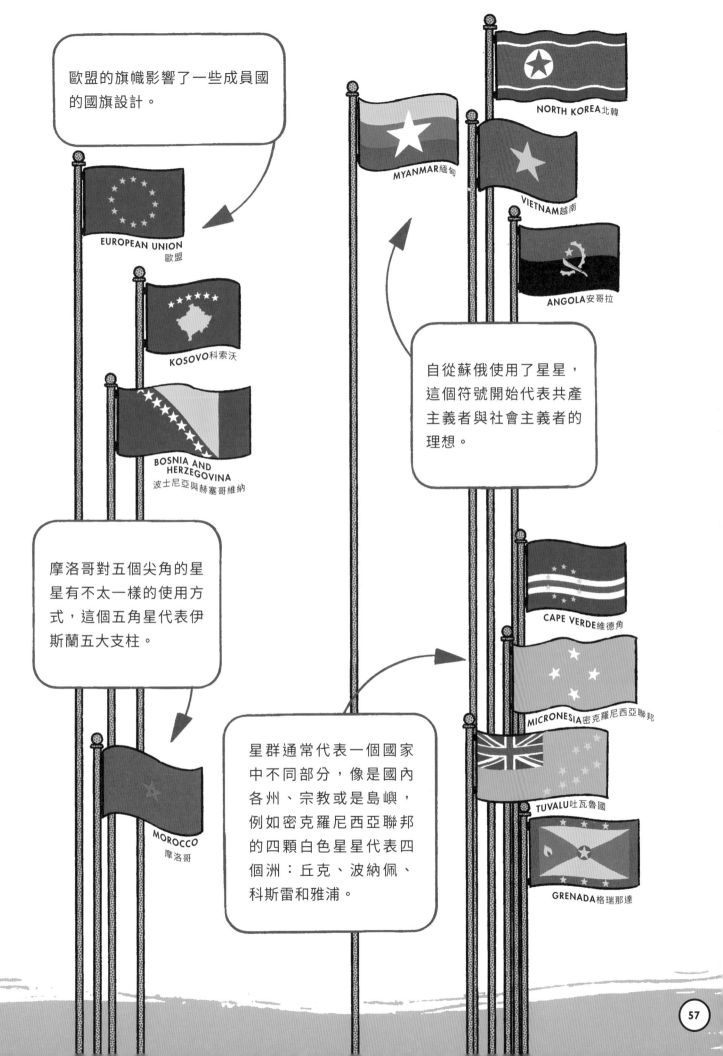

歐盟的旗幟影響了一些成員國的國旗設計。

EUROPEAN UNION 歐盟

KOSOVO 科索沃

BOSNIA AND HERZEGOVINA 波士尼亞與赫塞哥維納

摩洛哥對五個尖角的星星有不太一樣的使用方式,這個五角星代表伊斯蘭五大支柱。

MOROCCO 摩洛哥

星群通常代表一個國家中不同部分,像是國內各州、宗教或是島嶼,例如密克羅尼西亞聯邦的四顆白色星星代表四個洲:丘克、波納佩、科斯雷和雅浦。

MYANMAR 緬甸

NORTH KOREA 北韓

VIETNAM 越南

ANGOLA 安哥拉

自從蘇俄使用了星星,這個符號開始代表共產主義者與社會主義者的理想。

CAPE VERDE 維德角

MICRONESIA 密克羅尼西亞聯邦

TUVALU 吐瓦魯國

GRENADA 格瑞那達

放在四等
分小區的
左上角

五顆金色星星

紅色旗面

1889

中國由皇帝統治超過兩千年，黃色是與中國皇帝最為相關的顏色，清朝有一面黃色的旗幟，上頭描繪青龍，象徵權勢與力量，加上紅珠象徵財富。

1912

推翻清朝之後，改採五色旗，每一個顏色都代表中國一個種族，從上到下分別是漢、滿、蒙、回、藏。

1928

中華民國正式國旗被稱為「青天白日滿地紅」，在國共戰爭後，這面旗幟遭到毛澤東禁用，但仍飄揚在臺灣。

大星星代表共產黨，小星星代表四個社會階級：工人、農民、城市小資產階級、民族資產階級。注意這些小星星的尖角都朝向大星星。

紅色旗面象徵共產革命，同時這個顏色也是中國文化中財富與福樂的代表。

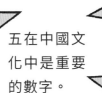

1949

中華人民共和國在全國設計徵稿評比後選出了新的國旗，獲選的入圍樣稿為曾聯松設計。

五在中國文化中是重要的數字。

黃色代表共產主義明亮的未來。

- 放在 -  - 放上 -

藍色的六角星　　　　兩條水平藍色色帶的中間　　　　白色旗面

以色列國旗設計於1891年，比國家實際存在早了五十年，當時這面旗幟是為了新成立的錫安復國運動製作，目標是創建猶太家園，1948年以色列這個國家成立時，旗幟的設計成為正式的以色列國旗。

藍色與白色條紋的靈感來自「tallit」，這是猶太人的禱告披巾，白色的禱告巾下方帶有藍色的條紋。

六角星不是猶太獨有的符號，但從16世紀起一直用於猶太文化。東歐的猶太社區一直使用六角星作為識別「商標」，可以與十字架相比擬，一般稱為「大衛星」。

諾魯的國旗

白色的12角星 　- 放在 -　 細細的金色
色帶的下方 　- 放上 -　 深藍色的旗面

諾魯太平洋小島的國旗呈現了自己的地理位置，比赤道往南一度，國際換日線的西方。諾魯在多年受到德國、英國、日本、澳洲輪番統治後，最後1968年成為獨立國家。

金色條紋代表赤道。

藍色旗面
代表太平洋。

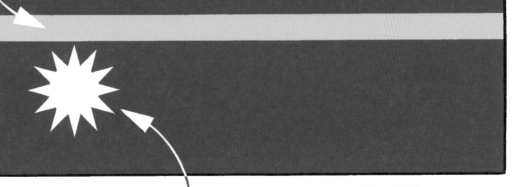

十二角星代表島嶼上居住的12支玻里尼西亞與密克羅尼西亞部落。星星為白色，代表歷史上諾魯的主要礦物資源磷酸鹽。

THE FLAG OF
BRAZIL

巴西的國旗

又稱為黃金綠旗「Auriverde」

| 國家格言 | — 以及 — | 27顆星星 | — 放上 — | 藍色正圓形 | — 放入 — | 黃色的菱形 | — 放上 — | 綠色的旗面 |

1822

巴西脫離葡萄牙帝國宣佈獨立，佩德羅一世（Pedro I）成為巴西帝國的統治者。綠色是佩德羅家族顏色，黃色則代表佩德羅妻子奧地利的瑪麗亞・利奧波丁娜（Empress Maria Leopoldina of Austria）。盾徽主要為天球儀（armillary sphere），是一種古代航行儀器，可以在葡萄牙國旗上找到。圍繞天球儀的白色星星代表巴西各省。

1889

帝國遭到推翻，成立巴西合眾國。這面暫時旗幟飛揚了五天，但是最後人們覺得這面旗幟看起來太像另一面美國國旗了……

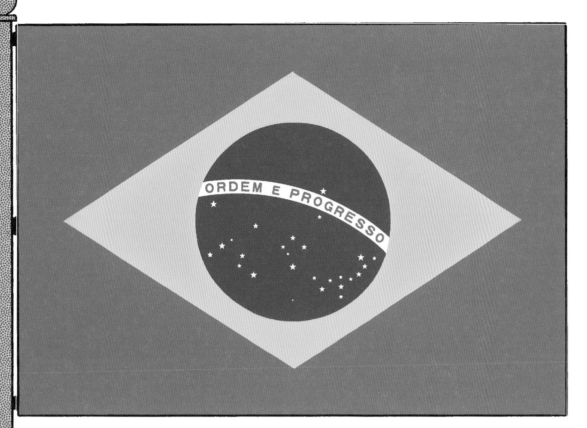

1889

巴西國旗又稱為「Auriverde」，
意即黃金綠旗。

巴西國旗從1822年旗幟上擷取一些
元素作為的靈感，不過，國旗現
代的設計反映了新共和國的
目標。

巴西國家格言意指「秩序與進
步」，取自法國哲學家奧古斯
特·孔德的語錄：「以愛作為原
則，以秩序作為基本；進步作
為目標。」

國旗中央描繪的圖
案被稱之為「天球」
（celestial sphere），
從上方看是1889年11月
15日共和國成立當晚里約熱
內盧天空的星宿。

27顆星星代表
巴西26個州，加
上首都巴西利亞。

THE FLAG OF THE
USA

美國的國旗
又稱為星條旗

 50顆白色星星

- 放上 -

藍色的長方形

放上左上
- 角四等分 -
小區

 13條紅白條紋的旗面

50顆白色星星又稱為聯邦「union」，代表組成美國的50個洲。

雖然顏色沒有正式意義，但是有人認為白色代表純潔、紅色代表耐力與勇敢，藍色代表堅忍與正義。

13條水平紅白條紋代表 在1776年宣告獨立的13個英國殖民地。

1776

在獨立的第一年，美國使用的旗幟在四等分小區的左上角帶有1801年以前用的聯合旗，一般認為這面旗幟受到英國東印度公司的影響。

1777

傳說中一位室內裝潢商貝特西・羅斯（Betsey Ross），根據總統喬治・華盛頓的手繪稿，設計了第一面星條旗，不過事實上這面旗幟出自獨立宣言簽署人之一的法蘭西斯・霍普金森（Francis Hoplcinson）。

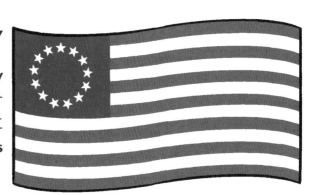

美國國旗自創始以來經過28次修改，每次增加新的洲，四等分小區的左上角就加上新的星星，條紋的數量維持一致。直到1912年前，星星的位置沒有正式規定，結果就有了一些浮誇的排法......

1818

1837

1859

1861

1865

PAN-AFRICAN Colors

泛非顏色

泛非顏色可分為兩種組合，他們有不同的起源，但是兩者都代表解放運動與非洲人民的傳統。

-

第一種組合是綠色、金色與紅色，這是衣索比亞帝國的顏色，而衣索比亞是1800年代唯一一個成功抵禦殖民佔領的非洲國家，當其他非洲獲得獨立時，許多國家從衣索比亞的強大國力獲得靈感，在新的國旗使用這些顏色組合。

-

第二種組合是紅色、黑色與綠色，在1917年，泛非運動的領導人馬科斯·加維製作了紅、黑、綠三條旗，紅色代表非洲人寶貴的鮮血、黑色代表人民、綠色代表非洲肥沃的土地，加維的目標是讓非洲能自力更生，在世界各地的黑人之間推動國家獨立，他的寓意為許多非洲國旗的設計帶來靈感。

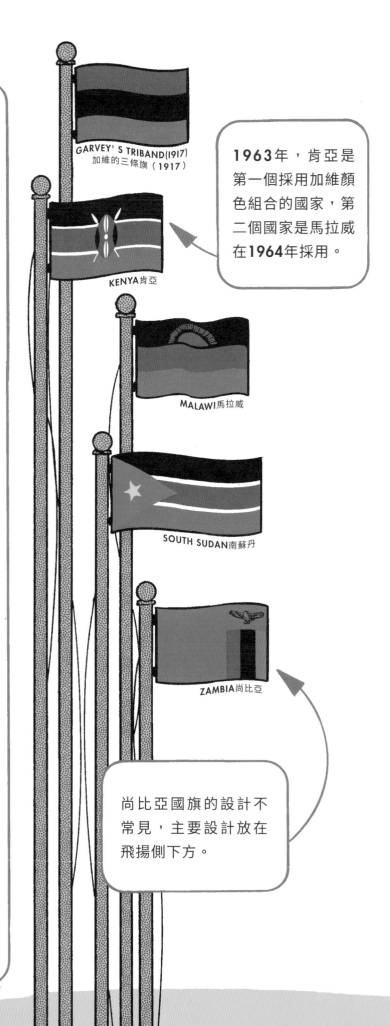

GARVEY'S TRIBAND(1917)
加維的三條旗（1917）

KENYA肯亞

1963年，肯亞是第一個採用加維顏色組合的國家，第二個國家是馬拉威在1964年採用。

MALAWI馬拉威

SOUTH SUDAN南蘇丹

ZAMBIA尚比亞

尚比亞國旗的設計不常見，主要設計放在飛揚側下方。

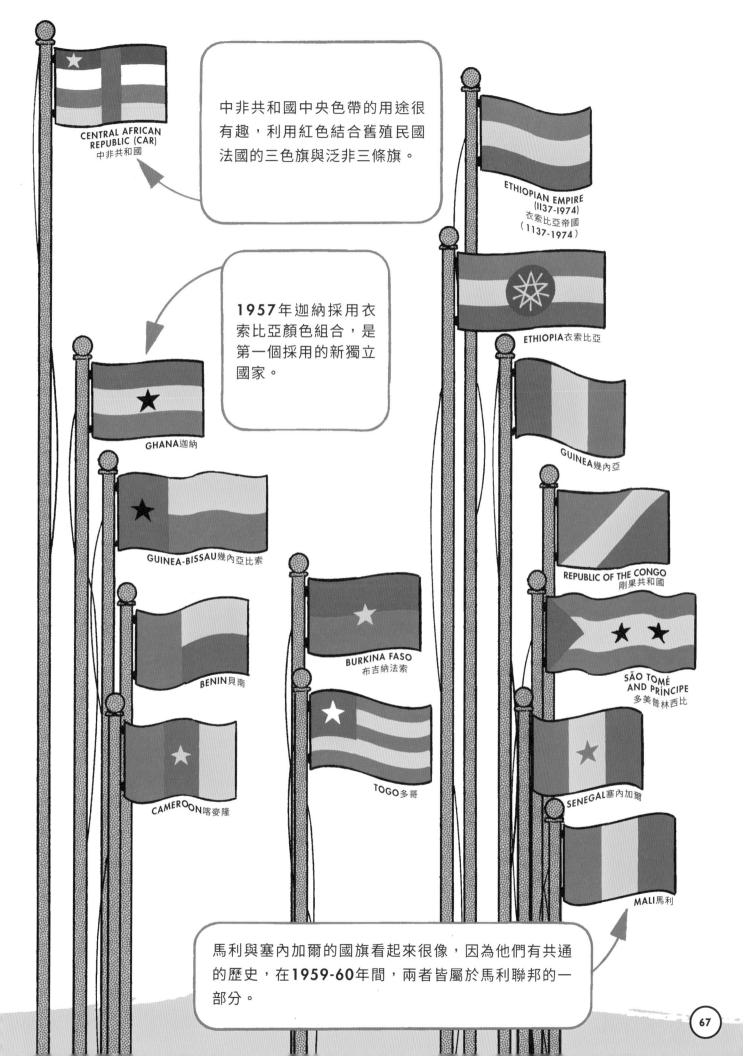

CENTRAL AFRICAN REPUBLIC (CAR)
中非共和國

中非共和國中央色帶的用途很有趣,利用紅色結合舊殖民國法國的三色旗與泛非三條旗。

ETHIOPIAN EMPIRE
(1137-1974)
衣索比亞帝國
(1137-1974)

1957年迦納採用衣索比亞顏色組合,是第一個採用的新獨立國家。

GHANA迦納

ETHIOPIA衣索比亞

GUINEA幾內亞

GUINEA-BISSAU幾內亞比索

REPUBLIC OF THE CONGO
剛果共和國

BENIN貝南

BURKINA FASO
布吉納法索

SÃO TOMÉ AND PRÍNCIPE
多美普林西比

CAMEROON喀麥隆

TOGO多哥

SENEGAL塞內加爾

MALI馬利

馬利與塞內加爾的國旗看起來很像,因為他們有共通的歷史,在1959-60年間,兩者皆屬於馬利聯邦的一部分。

THE FLAG OF
SWAZILAND

史瓦濟蘭的國旗

| 黑與白的
恩古尼盾牌 | -放上- | 兩根黃色的
茅與一根棍子 | -裝飾- | 三個藍色的
Injobo羽毛 | -放上- | 有黃色飾邊的
紅色色帶 | -放上- | 藍色旗面 |

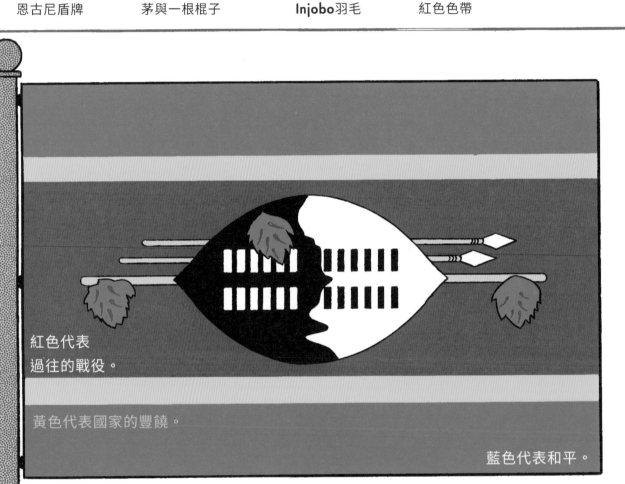

紅色代表
過往的戰役。

黃色代表國家的豐饒。

藍色代表和平。

1968

史瓦濟蘭脫離英國殖民統治獲得獨立時，選擇了能代表國民文化遺產與傳統的國旗，包括一面恩古尼人（Nguni）使用的傳統牛皮盾牌，加上兩根茅「tikhali」和棍子「ungobo」，都用代表皇家的慶典用藍色羽毛「injobo」作裝飾，盾牌的圖騰代表種族間的和平。

肯亞的國旗

黑、紅、白的
馬賽族盾牌

- 放上 -

有白色飾邊的紅色色帶

- 放上 -

黑與綠色的旗面

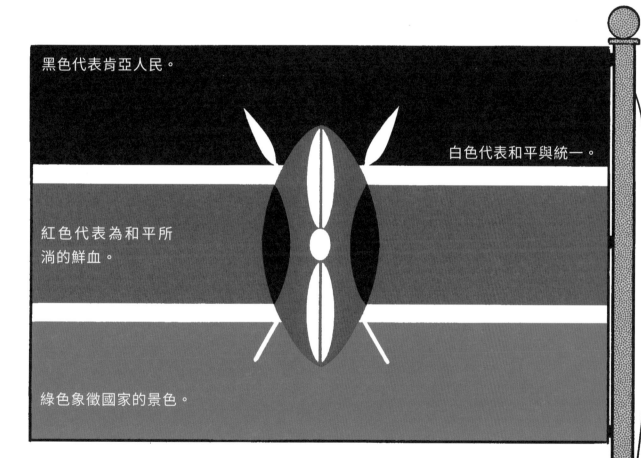

黑色代表肯亞人民。

白色代表和平與統一。

紅色代表為和平所
淌的鮮血。

綠色象徵國家的景色。

1963

就像史瓦濟蘭,肯亞曾是英國殖民地,被稱為英屬東非,為了爭取獨立展開漫長血腥的戰爭,國家最終得以脫離帝國統治贏得自由。新的國旗根據加維的三條旗,主要設計是馬賽族戰士的盾牌加上兩根交叉的茅,代表捍衛國家的獨立與價值。

THE FLAG OF
ZIMBABWE

辛巴威的國旗

- 放上 -   黃色的辛巴威鳥

- 放上 -   紅色的星星

有黑色飾邊的白色三角形

放在旗杆側

綠、黃、紅、黑的七條旗

1923

英國商人塞西爾‧羅德（Cecil Rhodes）將辛巴威命名為南羅德西亞，當時羅德的公司掌控整個區域。

1968

白人少數政府宣佈獨立，他們的新國旗主要描繪了辛巴威鳥，是在大辛巴威城市遺跡發現的古老皂石雕像。

1979

游擊隊戰士推翻白人政府，升起採用泛非顏色製作的臨時國旗。

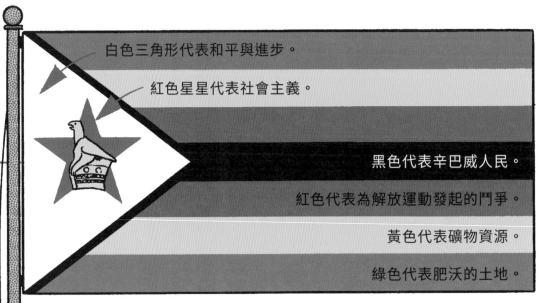

白色三角形代表和平與進步。

紅色星星代表社會主義。

黑色代表辛巴威人民。

紅色代表為解放運動發起的鬥爭。

黃色代表礦物資源。

綠色代表肥沃的土地。

1980

辛巴威終於獲得完全獨立，新國旗的設計採用國寶辛巴威鳥。

THE FLAG OF
MOZAMBIQUE

莫三比克的國旗

 國家徽章

-放上-

 黃色的星星

-放入-

 紅色的三角形

-放上-

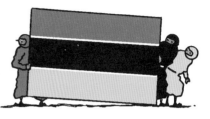 有白色飾邊的綠、黑、黃三條旗

綠色代表
肥沃的大地。

白色飾邊代表和平。

黑色代表莫三比克的人民。

紅色代表為爭取獨立的鬥爭。

黃色代表礦物資源。

1975年莫三比克脫離葡萄牙完全獨立，國旗主
要為鋤頭和AK-47，交叉放在一本攤開
的書上，書象徵教育，鋤頭象徵農業，
槍代表捍衛土地。1983年符號更新時加上
馬克思主義的黃色星星。除了瓜地馬拉以外，莫
三比克是唯一一個在國旗設計上使用槍枝的
國家。

71

THE FLAG OF
SOUTH AFRICA

南非的國旗

-放入-　　　　　　　-放上-

有黃色飾邊的黑色三角形　　有白色飾邊的綠色Y型紋　　　紅與藍的旗面

1910

雖然取得名義上的獨立，南非依然使用英國殖民旗，不過在荷蘭殖民者後裔阿非利卡人（**Afrikaner**）之間並不是很受歡迎。

1928

白人少數政府採用新的旗幟代表英國與阿非利卡人的團結，這是根據歷史上被稱為「親王旗」的荷蘭旗幟設計，是橘、白、藍三條旗。

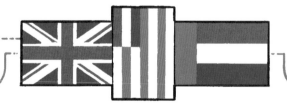

這三面小旗幟代表南非各省，聯合旗代表納塔爾殖民地與英屬海角，中間為奧蘭治自由邦，右邊為南非共和國。

1994

當隔離時代（種族隔離）終於告終，曼德拉的政黨非洲民族議會
掌權，引進新的旗幟，雖然這面國旗一開始只打算暫時使用，但
設計上掌握了樂觀與團結的精神，在**1996**年正式成為永久國旗。

你能看出南非國旗如何聰明整合非洲民族議會旗
幟、國內前殖民的旗幟、英國國旗與荷蘭國旗嗎？
設計上Y型紋代表聚合，也就是整合過去與現在。很
少有國旗在設計上一次使用六個顏色。

波札那的國旗

有白色飾邊的黑色色帶　　- 放上 -　　淡藍色的旗

淡藍色代表天空，同時也代表水，水在乾旱的
國家是珍貴的資源。

1966

當波札那脫離英國統治獲得獨立，慎重
選擇了與施行種族隔離的南非截然不同
的旗幟，特別強調波札那種族間的和平
共存。

黑色與白色條紋代表非洲與歐洲血統
之間的和諧，同時也象徵了波札那國
家動物斑馬的條紋。

THE FLAG OF MADAGASCAR

馬達加斯加的國旗

放在
旗杆側

白色的長方形

紅與綠的旗面

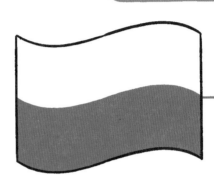

紅與白是梅里納人的顏色，梅里納人
曾是高傲的王國，統治了馬達加斯加
中部，直到敗給法國，遭到法國人佔
領。這個顏色可能源自梅里納人的印
尼祖先。

1885

馬達加斯加成為法國保
護地，揚起以三色旗為
基礎的國旗。

1958

當馬達加斯加脫離法國
統治獲得自由，梅里納
人的紅白色加上了綠
色，這個設計顏色安排
不常見，顯示馬達加斯
加希望國家能遠離法國
殖民的影響。

雙色旗是指用兩種顏色水平或垂直分割的旗幟,與歐洲紋章學的歷史有緊密關聯。

在中世紀的歐洲,如果你是貴族家族成員,你會有盾徽,這種身份識別的象徵可以告訴別人你有多重要。許多家族的影響力大到可以統治整個國家,隨著時間過去,家族的盾徽就變成了國家的象徵。

當這些國家希望設計國旗時,有些人會將盾徽簡化成基本的顏色,歐洲有些雙色旗的起源來自這種簡化的過程,你可以看出下面這些旗幟與影響旗幟設計的盾徽有哪些相似的地方嗎?

VATICAN CITY梵諦岡

金色鑰匙疊在銀色鑰匙上,
轉譯成黃色與白色。

LIBERTAS

SAN MARINO聖馬利諾

藍天底下的三座銀塔簡化為白色與藍色。

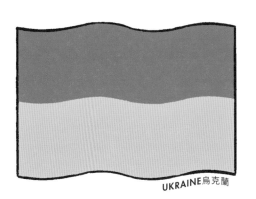

UKRAINE烏克蘭

烏克蘭國旗的顏色可以追溯到
中世紀公國加利西亞的盾徽。

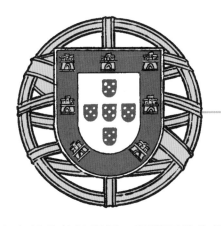

PORTUGAL葡萄牙

歷史上大部分的時間裡，葡萄牙的旗幟是藍
與白雙色旗，呼應盾徽上藍與白的盾牌。

但在1911年，新政府引入葡萄牙共
和主義的綠與紅雙色旗。

LIECHTENSTEIN列支敦士登

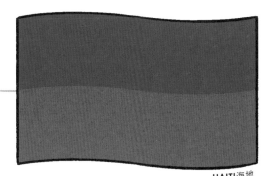

HAITI海地

列支敦士登在1936年柏林奧運上登場時，
代表團發現他們的國旗幾乎與海地一模一
樣，所以下一年他們在國旗四等分小區的左
上角加上黃色的皇冠。

海地雙色旗的起源有點不太一樣，當海地脫離法
國殖民地贏得獨立，新的領導人把法國三色旗中
央的白色抽掉，然後剩下的兩個顏色縫在一起。

RED AND WHITE

紅與白

有些國旗相似的程度讓人困惑,波蘭、摩納哥和印尼都使用水平的紅白雙色旗,不過這種類似的情況是意外,每面旗幟的起源都非常獨特。

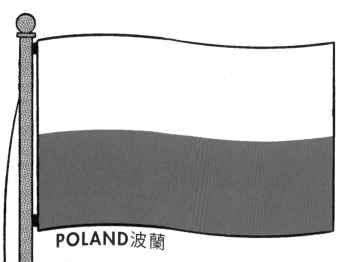

POLAND波蘭

波蘭的國旗是來自中世紀的盾徽,也就是帶著白色老鷹的紅色盾牌。

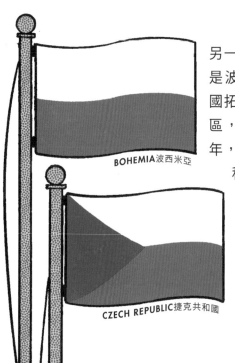

BOHEMIA波西米亞

CZECH REPUBLIC捷克共和國

另一個使用紅白雙色旗的中世紀王國是波西米亞,到了**20**世紀早期,王國拓展納入摩拉維亞及斯洛伐克等地區,成為捷克斯洛伐克。到了**1920**年,旗幟加上藍色三角形,反映人口種族的不同。捷克共和國與斯洛伐克分離後,保留了這面旗幟作為國旗。

MONACO摩納哥

幾百年來格里馬爾迪（Grimaldi）家族掌控了摩納哥，這面旗幟是根據家族的盾徽製作，盾徽以紅白菱形為主要特色。

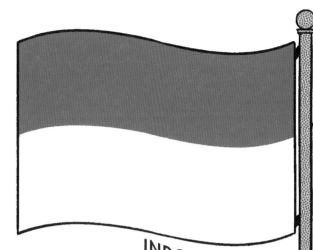

INDONESIA印尼

印尼國旗與摩納哥的差別只有比例，紅色與白色在古老的南島神話中有很深的根源，紅色代表大地之母，白色代表天空之父。在荷蘭殖民統治時期，這面旗幟遭到禁用，直到印尼獨立革命大戰前夜，革命軍將荷蘭國旗底部的藍色色帶撕掉，作為臨時的印尼國旗使用。

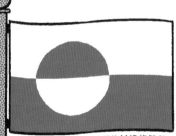

GREENLAND格陵蘭

雖然格陵蘭的旗幟和波蘭很類似，但其實格陵蘭是丹麥的領土，顏色是借用了丹麥十字。

SINGAPORE新加坡

新加坡和印尼是鄰國，擁有類似的國旗，但是新加坡的國旗有不同的起源，一開始新加坡國旗只有紅色，但是感覺起來太像共產黨員了，所以加上白色。

THE FLAG OF
QATAR

卡達的國旗

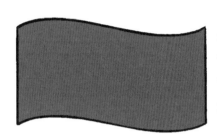

放在
旗杆側，
然後加上

白色色帶和九個尖角的鋸齒紋

褐紫紅的旗面

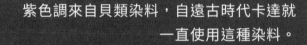

多年來，卡達與其他阿拉伯半島沿岸國家一樣，使用伊斯蘭哈瓦里吉（Kharijites）教派的純紅色旗幟，哈瓦里吉教派控制了卡達所在的波斯灣地區。

紫色調來自貝類染料，自遠古時代卡達就一直使用這種染料。

九個鋸齒紋代表卡達的定位，是阿拉伯聯合大公國的第九個聯邦成員。

1916

幾世紀以來，這個區域飽受戰爭與海盜之苦，直到卡達與英國簽訂保護條約，協議的其中一部分要求旗幟應該要加上白邊。

卡達的國旗是唯一一面寬比高的長度超過兩倍的國旗。

巴林的國旗

白色色帶加上
五個尖角鋸齒紋

放在
旗杆側,
然後加上

紅色旗面

5個尖角的鋸齒紋代表伊斯蘭
五柱石。

就像卡達,巴林也一直使用純紅色旗
幟,直到英國裁定加上白色,旗幟最
初有**28**個白色尖角,**1972**年減少為**8**
個,**2002**年減少至**5**個。

置於上方

放上

黃銅色的
賽普勒斯地圖

兩支綠色橄欖枝

白色旗面

數十年來，賽普勒斯的主權備受爭議，因為信奉基督宗教
的希臘與信奉伊斯蘭教的土耳其爭奪賽普勒斯的主權。

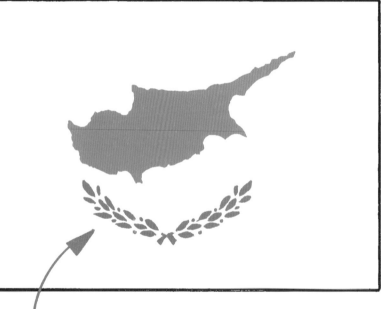

1960

賽普勒斯成為獨立國家，舉辦
比賽設計新的國旗，比賽的規
則中指出國旗不應該包含藍色
（希臘的顏色）或紅色（土耳
其的顏色），也不可以使用十
字或新月的形狀，最後得獎的
入圍作品出自學校教師伊斯
麥·古內（Ismet Guney）。

黃銅色的輪廓代表國家豐富的銅礦礦
藏，而橄欖枝象徵希臘裔與土耳其裔賽
普勒斯人之間的和平。

1974年，土耳其入侵賽普勒斯，
自行另立不被國際承認的北賽普
勒斯土耳其共和國，並揚起自己
的國旗。

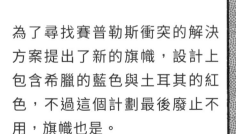
為了尋找賽普勒斯衝突的解決
方案提出了新的旗幟，設計上
包含希臘的藍色與土耳其的紅
色，不過這個計劃最後廢止不
用，旗幟也是。

THE FLAG OF
KOSOVO

科索沃的國旗

六顆白色星星 ── 置於上方 ── 科索沃的黃金地圖 ── 放上 ── 藍色旗面

 科索沃是塞爾維亞與阿爾巴尼亞之間的爭議土地，1998年至1999年間，科索沃分離主義者與南斯拉夫軍隊展開血腥的戰役。

最後在1999年，聯合國介入掌管區域。

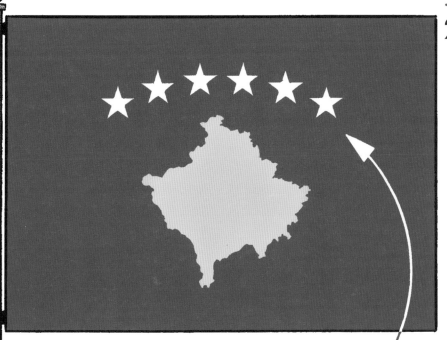

2008

科索沃舉辦比賽設計新的國旗，決定避免使用阿爾巴尼亞的黑色與紅色，也不使用塞爾維亞的紅、白、藍，塞爾維亞與阿爾巴尼亞國旗同時使用雙頭鷹為主要特色，所以新國旗也要避免雙頭鷹。

六顆星星代表科索沃的六個種族，同時也是參考了歐盟旗幟的結果。

THE FLAG OF
MAURITIUS

模里西斯的國旗

A.K.A 'LES QUATRE BANDES'

四條均等的
水平色帶

紅色　　　　　藍色　　　　　黃色　　　　　綠色

1923

在英國殖民時期，模里西斯使用帶有模里西斯盾徽的海軍旗，主要是雄鹿和渡渡鳥，現在已經絕跡的渡渡鳥是島上原生種。

紅色代表獨立鬥爭。

藍色象徵印度洋。

黃色是「自由之光照耀整個島嶼」。

綠色是繁茂的亞熱帶景緻。

1968

模里西斯獲得獨立時，採用了現有的國旗，是世上唯一一面使用四條水平條紋組成的國旗。

蓋亞那的國旗
又稱為「黃金箭頭」

- 放上 -　　- 放上 -

有黑色飾邊的
紅色三角形

有白色飾邊的
黃色等腰三角形

綠色旗面

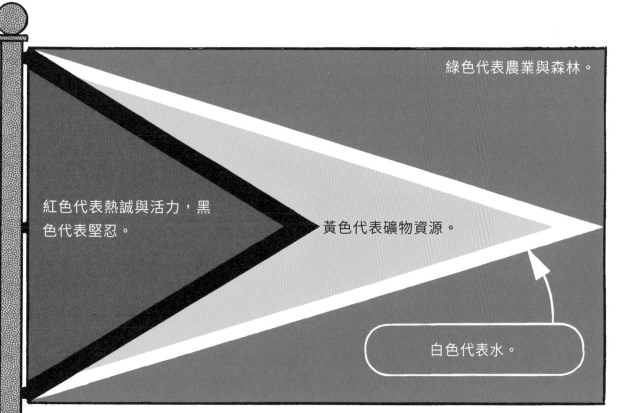

綠色代表農業與森林。

紅色代表熱誠與活力,黑色代表堅忍。

黃色代表礦物資源。

白色代表水。

1966

蓋亞那的前身為英屬蓋亞那,獨立時採用了這面國旗,由美國旗幟學專家惠特尼·史密斯(Whitney Smith)設計。史密斯的原始設計(見右圖)顏色安排不一樣,也沒有飾邊,在國旗正式採納前,英國紋章院建議了前述更動。

SUNS AND CIRCLES
太陽與圓圈

當你想到太陽時,腦中浮現什麼?熱?光?力量?

正如我們所知,沒有太陽就沒有生命存在。太陽在全世界都是重要的符號,代表希望、團結、進步或財富。

-

國旗帶有太陽符號的國家通常在爭取獨立與主權上有一段重要的歷史,對這些國家而言,太陽代表新時代的曙光亮起。

BANGLADESH 孟加拉

NIGER 尼日

RWANDA 盧安達

TAIWAN 臺灣

THE PHILIPPINES 菲律賓

ANTIGUA AND BARBUDA 安地卡及巴布達

NAMIBIA 納米比亞

圓圈可以代表太陽，但也可以代表和平統一的滿月，就像帛琉與寮國的國旗。

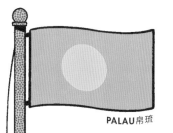

PALAU 帛琉

貝里斯的國旗使用白色的正圓形圍繞國家盾徽，描繪了這個國家歷史上重要的伐木業。

ARGENTINA 阿根廷

LAOS 寮國

URUGUAY 烏拉圭

BELIZE 貝里斯

阿根廷與烏拉圭的國旗展現了「五月的太陽」（Sol de Mayo），是脫離西班牙統治獨立的象徵。

草原雄鷹翱翔在哈薩克的太陽下。

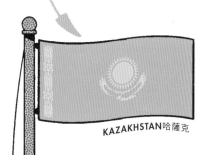

KAZAKHSTAN 哈薩克

THE FLAG OF
INDIA

印度的國旗

放在
水平三條旗

藍色的輪子　　　　橘色　　白色　　綠色

1863–1947

印度自1700年代中期落入英國掌控，1860年代，印度被稱為英屬印度，受到印度女皇（Empress of India）也就是維多利亞女王管轄。

1921

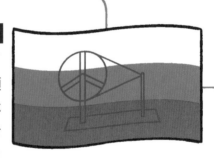

印度國民大會領袖莫罕達斯‧卡拉姆昌德‧甘地選了一面旗幟，代表他對自由、獨立印度的期盼。三個顏色代表印度的三個種族：印度人（紅色）、穆斯林（綠色）、其他（白色），手紡車的輪子象徵甘地對這個國家的期許，希望印度可以透過成衣製造成為自給自足的國家。

1923

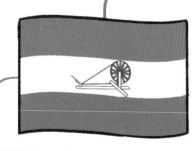

白色色帶移到中間，讓手紡車的輪子能有清晰的背景，甘地希望將第一面旗幟上的宗教象徵移除，紅色變成番紅花的顏色，據說番紅花代表勇氣與犧牲，白色代表和平，綠色代表信念。

1947

印度終於成為獨立國家，旗幟再次變更，橘色現在象徵淡泊物欲，白色象徵真理的道路，而綠色代表與大地的關聯。

印度的國旗只能使用稱為「khadi」的手捻棉布或絲巾，升起其他材質製作的國旗可能會被判處三年有期徒刑！

手紡車的輪子被佛教象徵阿育王法輪（Ashoka Chakra）取代，代表生命與宇宙論的法（dharma）循環。法輪起源於三世紀，曾為阿育王使用，當時阿育王試著統一整個印度，讓印度由一個政府管轄。

這個符號代表法、國家統一、進步與律動，同時也出自甘地的手紡車輪子。

馬其頓的國旗

有八道光芒的
黃色太陽

- 放上 -

紅色的旗面

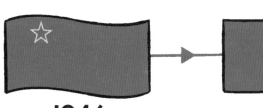

1946

馬其頓成為南斯拉夫共和國的一部分，揚起簡單的紅旗，在四等分小區的左上角帶有五角金星。

1992

全新獨立的馬其頓將五角星換成更大、置中的維吉納太陽。

維吉納太陽

維吉納太陽是亞歷山大大帝與其父馬其頓腓力二世的象徵，第一次發現是在 1977 年考古出土的腓力二世葬禮骨灰匣上。

希臘對馬其頓使用維吉納太陽圖騰非常憤怒，因為希臘認為這是希臘擁有的文化遺產一部分，他們對馬其頓強施經濟封鎖，禁止馬其頓在聯合國升起國旗。

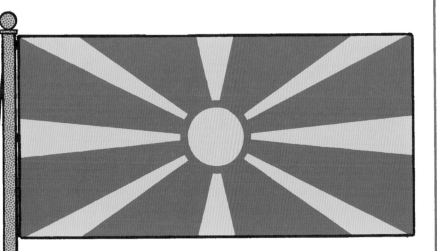

1995

為了安撫希臘並舒緩外交關係，馬其頓同意改變自己的國旗，新設計依然根據維吉納太陽，但是加大差異讓希臘滿意。

THE FLAG OF
KYRGYZSTAN
吉爾吉斯的國旗

 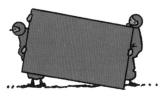

- 放上 -　　　　- 放上 -

兩組交叉的三條紅色曲線　　黃色的太陽　　　　紅色的旗面

1992

當吉爾吉斯脫離蘇俄獨立，決定繼續使用紅旗。不過紅色與共產主義無關，而是另一個故事……

紅色其實出自吉爾吉斯民族英雄馬那斯（Manas the Noble）手持的旗幟，中央的黃色圖騰包含吉爾吉斯遊牧民族居住的帳篷「yurt」的屋頂景色，在這個符號底下是擁有40道光芒的太陽，象徵馬那斯統一的40個部落，結合這些元素的符號代表了吉爾吉斯人民的傳統與歷史，同時也代表團結與安定。

THE FLAG OF JAPAN

日本的國旗

又稱為「日之丸」

- 放上 -

紅色的圓盤

白色的旗面

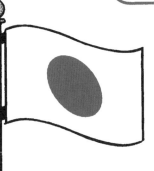

日本國旗的正式名稱為「Nisshoki」，意思是太陽旗，但是大部分的人稱它為「Hinomaru」，意即日之丸。這面國旗已經使用超過1000年，關於旗幟的使用第一筆記載是1184年，可是傳說中這面旗幟早在幾世紀前就開始使用。1870年正式採納為大日本帝國的國旗。

紅色圓盤
代表太陽。

白色旗面代表純潔。

據說日本天皇是天照大神降生，而太陽一直是日本宗教與神話的中心。

對一些人來說，日本的旗幟是侵略的象徵，尤其是在二十世紀初遭受日本侵略的中國和韓國等國家。另一個版本的旗幟，一般稱為「旭日旗」，是大日本帝國海軍使用，被認為特別具有侵略性。

雖然旭日旗有許多爭議，這面旗幟仍在日本國內視為富庶的象徵，可以在商業產品、廣告上看到，也能在日本海上自衛隊的旗幟看到。

THE FLAG OF
SOUTH KOREA

南韓的國旗

又稱為「太極旗」

- 周圍加上 - - 放上 -

紅色與藍色的太極　　　四個黑色的三線形　　　白色的旗面

長達五世紀以來，朝鮮王朝一直統治韓國，雖然朝鮮王朝沒有正式的國旗，但是一直使用這面標準旗幟，上面的符號代表韓國道教，起源可追溯到古老儒學算命時使用。

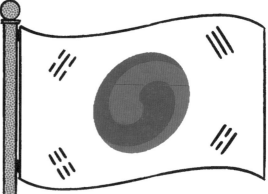

1883

受到了國際壓力與鄰國現代思想的影響，韓國決定要有自己的國旗，一開始國旗的提案受到中國清朝的影響，不過最後韓國決定要使用更專屬韓國的設計。

韓國國旗定案後還經過細微的修整，不過大致上保持不變。

白色代表純潔，同時也是傳統韓服的顏色。

中央的陰陽符號又稱太極，代表宇宙的平衡，陰與陽、善與惡、男與女等。

包圍著太極符號的是四組黑色橫條，用斷裂與連續線條組成的圖騰，這些三線形稱為卦，每一個都代表儒家原則的經典元素：

天義　　月智　　日仁　　地禮

RED, WHITE AND BLUE

紅、白、藍

旗幟中最常見的組合是紅、白、藍，看看你能不能找出這本書中所有使用這三種顏色的旗幟。

PARAGUAY巴拉圭

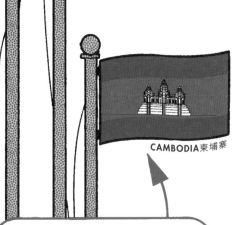

LUXEMBOURG盧森堡

雖然盧森堡的國旗與荷蘭非常類似，但其實這是根據國家盾徽設計，主要設計是藍色旗面上帶有紅色獅子，加上白色條紋。藍色比荷蘭國旗上的還要淺。

CAMBODIA柬埔寨

LIBERIA賴比瑞亞

柬埔寨的國旗在正中央呈現知名的廟宇吳哥窟。

1822年起，賴比瑞亞由受解放的非裔美國人與加勒比海黑奴殖民統治，你可以看到賴比瑞亞國旗設計受到美國的影響。

THE NETHERLANDS荷蘭

RUSSIA俄羅斯

THE PAN-SLAV COLOURS
泛斯拉夫顏色

荷蘭國旗的起源可以回溯到16世紀，當時奧蘭治王子威廉一世揚起橘、白、藍的橫幅旗。

幾世紀之後，橘色被換成紅色，俄羅斯沙皇彼得大帝造訪歐洲學習造船時，看到的就是後來的旗幟，當他回到俄羅斯，向俄羅斯人展示了白、藍、紅的三條旗，就是受到荷蘭船隻的影響。

1848年，布拉格的泛斯拉夫會議宣佈白、藍、紅為泛斯拉夫顏色，這項文化遺產最後傳給了東南歐斯拉夫國家的國旗上。

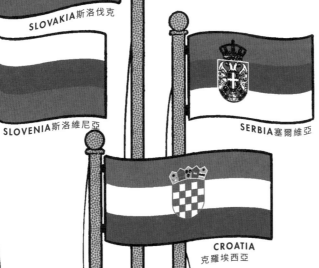

SLOVAKIA斯洛伐克

SLOVENIA斯洛維尼亞

SERBIA塞爾維亞

CROATIA
克羅埃西亞

BULGARIA保加利亞

保加利亞的國旗是根據俄羅斯的三條旗設計，但是用綠色取代藍色，代表自由的意思。

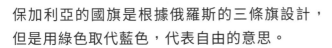

THE FLAG OF
PARAGUAY

巴拉圭的國旗

 國家盾徽 - 以及 - 財政部印璽 - 放上水平的三條旗 - 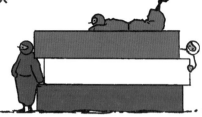 紅、白、藍

巴拉圭的國旗是獨裁者羅德里格斯（Jose Gaspar Rodriguez de Francia）1814-80年統治期間採用，身為拿破崙的崇拜者，羅德里格斯選擇的旗幟靈感來自法國國旗。

羅德里格斯的設計很獨特，旗幟兩面有不同的設計。

國旗的正面是國家標誌，橄欖枝圍繞的黃色星星代表和平，以及棕櫚枝代表榮耀。

旗幟的反面繪製了財政部印璽，是一頭獅子守衛著長杆上放置的佛里幾亞無邊便帽。無邊軟帽是解放的羅馬奴隸與法國革命者所戴，代表自由。「Paz y Justicia」的意思是和平與正義。

- 放上 -　　　　- 放上 -

藍色的色帶　　　　白色的色帶　　　　紅色的旗面

1883

從17世紀至19世紀，泰國國旗一直都是純紅色，後來泰國需要擁有更容易識別的國旗，於是在紅色旗面中央加上了白色大象，象徵好運。

紅色代表以獨立之名飛灑的鮮血。

白色是純潔與佛教的意思。

藍色是泰國君王的顏色。

1917

在20世紀早期，泰國與西方國家發展出緊密的關係，泰王決定改用更「現代」設計的國旗，選擇使用紅、白、藍三色，反映泰國與新同盟團結一心，那就是美國、英國與法國。

THE FLAG OF RUSSIA

俄羅斯的國旗

- 水平的
  三條旗 -  - 以及 -

白色　　　　　　　藍色　　　　　　　紅色

1697

彼得大帝引進三條旗,這是受到荷蘭國旗影響。

1917

馬克斯主義的布爾什維克推倒俄羅斯沙皇,開啟蘇俄時代。從法國大革命的紅色旗幟得到靈感,俄羅斯採用紅色旗幟代表廣得人心的起義。鐮刀與鎚子代表工人與農民,星星代表共產黨。

蘇聯(1922-91)

在整個蘇俄統治時期,蘇俄不斷拓展領土,創立蘇聯,除此之外並擔任東方集團主席,東方集團集合加盟蘇聯的東歐共產國家,有些國家的國旗展現了當時蘇聯的權勢。

共產主義者的星星出現在這些東方集團的國家國旗上。

HUNGARIAN PEOPLE'S REPUBLIC (1949-57)
匈牙利人民共和國

PEOPLE'S REPUBLIC OF BULGARIA (1946-90)
保加利亞人民共和國

SOCIALIST REPUBLIC OF ROMANIA (1947-89)
羅馬尼亞社會主義共和國

SOCIALIST FEDERAL REPUBLIC OF YUGOSLAVIA (1945-92)
南斯拉夫社會主義聯邦共和國

PEOPLE'S SOCIALIST REPUBLIC OF ALBANIA (1946-92)
阿爾巴尼亞社會主義人民共和國

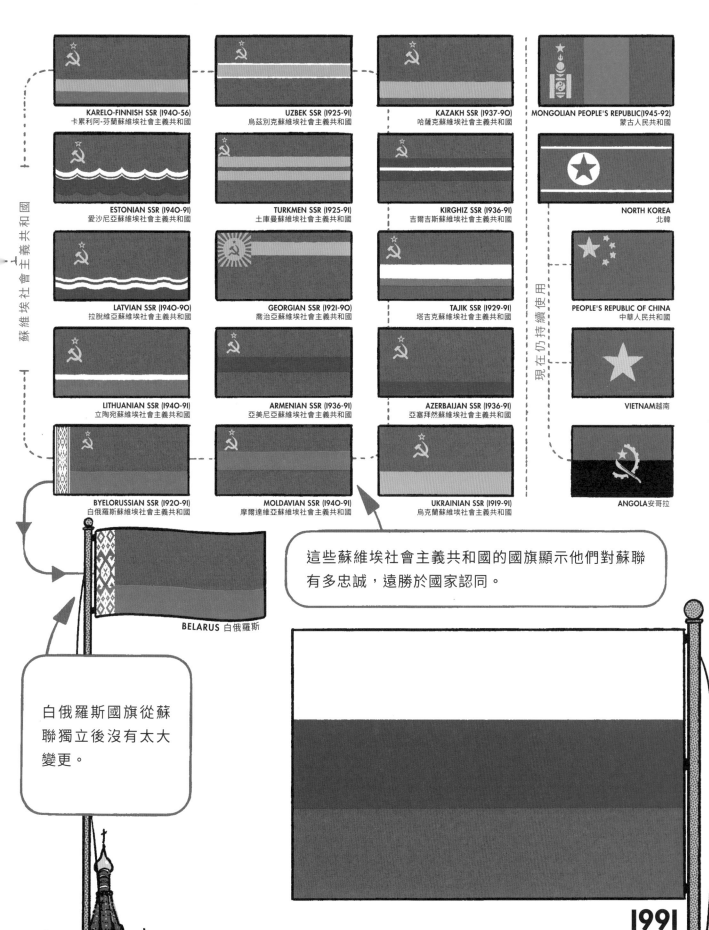

蘇維埃社會主義共和國

KARELO-FINNISH SSR (1940-56)
卡累利阿-芬蘭蘇維埃社會主義共和國

UZBEK SSR (1925-91)
烏茲別克蘇維埃社會主義共和國

KAZAKH SSR (1937-90)
哈薩克蘇維埃社會主義共和國

MONGOLIAN PEOPLE'S REPUBLIC(1945-92)
蒙古人民共和國

ESTONIAN SSR (1940-91)
愛沙尼亞蘇維埃社會主義共和國

TURKMEN SSR (1925-91)
土庫曼蘇維埃社會主義共和國

KIRGHIZ SSR (1936-91)
吉爾吉斯蘇維埃社會主義共和國

NORTH KOREA
北韓

LATVIAN SSR (1940-90)
拉脫維亞蘇維埃社會主義共和國

GEORGIAN SSR (1921-90)
喬治亞蘇維埃社會主義共和國

TAJIK SSR (1929-91)
塔吉克蘇維埃社會主義共和國

PEOPLE'S REPUBLIC OF CHINA
中華人民共和國

LITHUANIAN SSR (1940-91)
立陶宛蘇維埃社會主義共和國

ARMENIAN SSR (1936-91)
亞美尼亞蘇維埃社會主義共和國

AZERBAIJAN SSR (1936-91)
亞塞拜然蘇維埃社會主義共和國

VIETNAM越南

現在仍持續使用

BYELORUSSIAN SSR (1920-91)
白俄羅斯蘇維埃社會主義共和國

MOLDAVIAN SSR (1940-91)
摩爾達維亞蘇維埃社會主義共和國

UKRAINIAN SSR (1919-91)
烏克蘭蘇維埃社會主義共和國

ANGOLA安哥拉

這些蘇維埃社會主義共和國的國旗顯示他們對蘇聯
有多忠誠，遠勝於國家認同。

BELARUS 白俄羅斯

白俄羅斯國旗從蘇
聯獨立後沒有太大
變更。

1991

蘇聯瓦解後，國旗回到沙皇時期原始的三條旗。

THE FLAG OF NEPAL

尼泊爾的國旗

- 放上 -

白色的月亮與太陽　　　　有藍色鑲邊的紅色五邊旗面

南亞的統治家族戰旗通常是加上鑲邊的細長三角旗，色彩鮮明，一般繪有宗教符號或是宣誓效忠的符號。

1800s

在拉納（Rana）時代（1846-1951），兩面細長三角旗整合在一起，尼泊爾國旗變成我們今天所知的雙三角形狀，旗幟上的太陽與月亮符號被畫上了臉孔。

1700s

國王普利特維・納拉揚・沙阿（Prithvi Narayan Shah）統一了尼泊爾，他使用兩面紅色的細長三角旗，上下排列，旗幟上的太陽與月亮符號與統治家族有關。

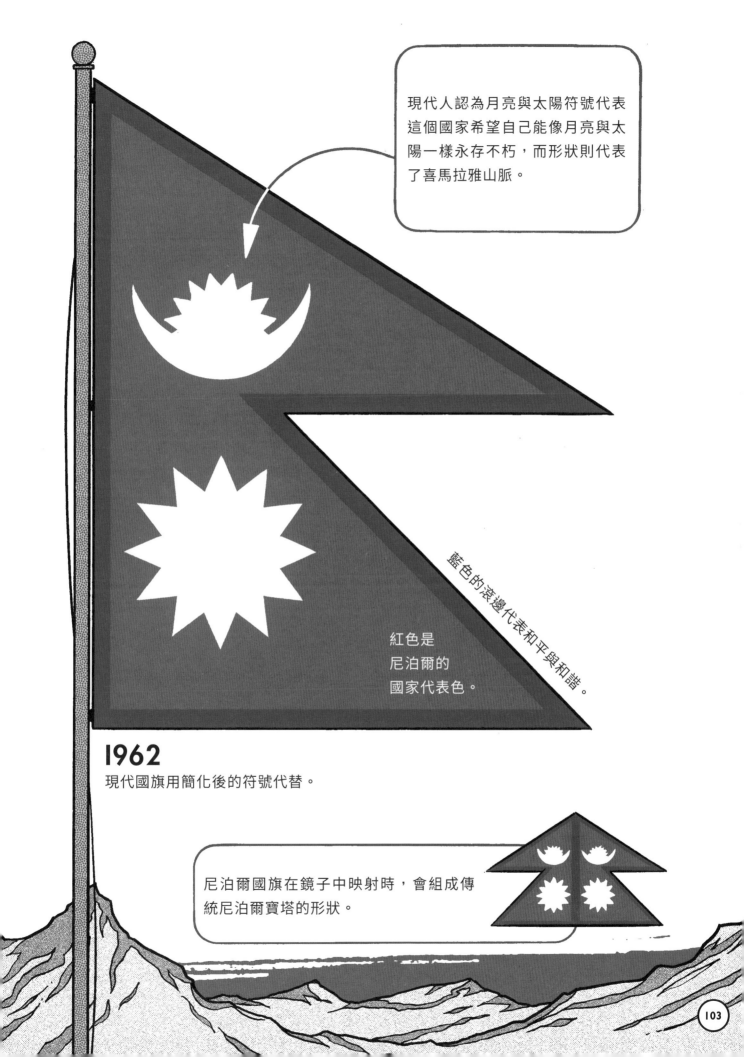

現代人認為月亮與太陽符號代表這個國家希望自己能像月亮與太陽一樣永存不朽，而形狀則代表了喜馬拉雅山脈。

藍色的滾邊代表和平與和諧。

紅色是尼泊爾的國家代表色。

1962

現代國旗用簡化後的符號代替。

尼泊爾國旗在鏡子中映射時，會組成傳統尼泊爾寶塔的形狀。

美洲

北冰洋

格陵蘭

美國

加拿大

美國

大西洋

墨西哥

蓋亞那

蘇利南

法屬蓋亞那

委內瑞拉

哥倫比亞

厄瓜多

秘魯

巴西

太平洋

玻利維亞

巴拉圭

阿根廷

烏拉圭

智利

中美洲

墨西哥灣

巴哈馬

英屬
土克凱可
群島

古巴

英屬開曼群島

海地 多明尼加
共和國

牙買加

貝里斯

加勒比海

荷屬
古拉索及阿魯巴

瓜地馬拉

洪都拉斯

薩爾瓦多

尼加拉瓜

哥斯大黎加

巴拿馬

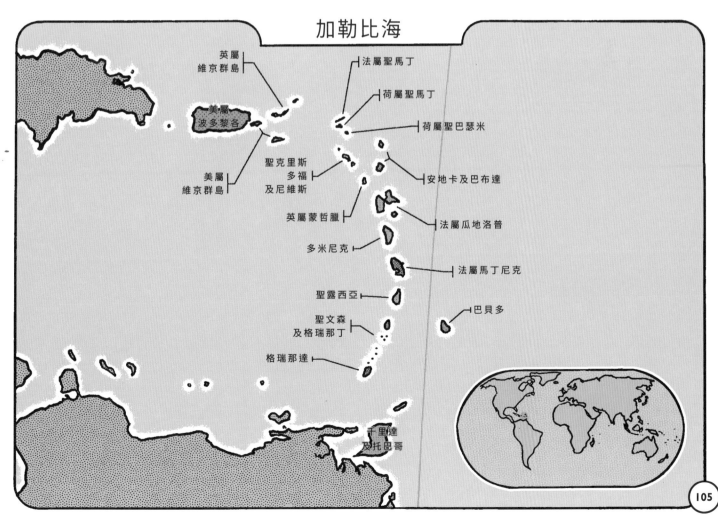

加勒比海

英屬
維京群島

法屬聖馬丁

荷屬聖馬丁

美屬
波多黎各

荷屬聖巴瑟米

安地卡及巴布達

美屬
維京群島

聖克里斯
多福
及尼維斯

英屬蒙哲臘

法屬瓜地洛普

多米尼克

法屬馬丁尼克

聖露西亞

聖文森
及格瑞那丁

巴貝多

格瑞那達

千里達
及托巴哥

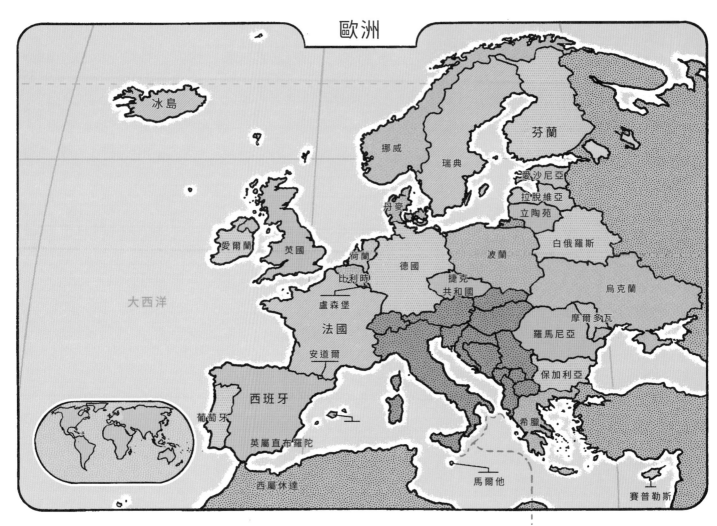

歐洲

冰島

挪威

瑞典

芬蘭

愛沙尼亞

拉脫維亞

立陶宛

白俄羅斯

丹麥

愛爾蘭

英國

荷蘭

比利時

德國

波蘭

捷克共和國

烏克蘭

盧森堡

法國

摩爾多瓦

羅馬尼亞

安道爾

大西洋

保加利亞

西班牙

葡萄牙

希臘

英屬直布羅陀

馬爾他

西屬休達

賽普勒斯

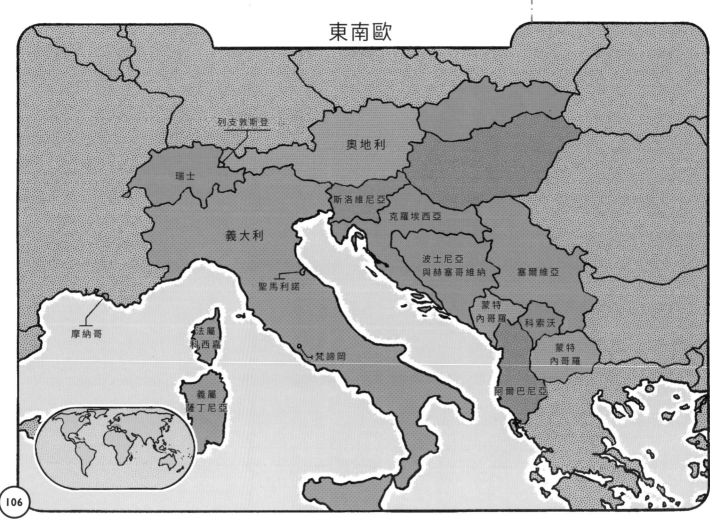

東南歐

列支敦斯登

奧地利

瑞士

斯洛維尼亞

克羅埃西亞

義大利

波士尼亞與赫塞哥維納

塞爾維亞

聖馬利諾

蒙特內哥羅

科索沃

摩納哥

法屬科西嘉

梵諦岡

蒙特內哥羅

義屬薩丁尼亞

阿爾巴尼亞

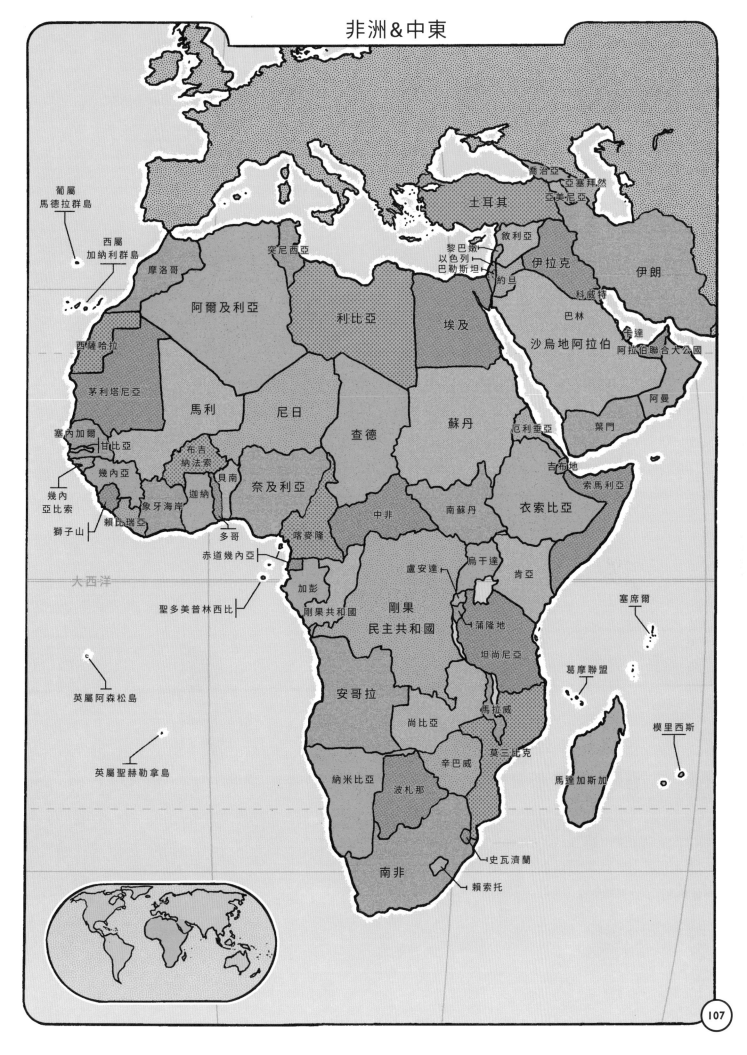

葡屬
馬德拉群島

西屬
加納利群島

摩洛哥

突尼西亞

土耳其

喬治亞

亞塞拜然

亞美尼亞

敘利亞

黎巴嫩

以色列

巴勒斯坦

約旦

伊拉克

伊朗

科威特

巴林

卡達

阿拉伯聯合大公國

阿爾及利亞

利比亞

埃及

沙烏地阿拉伯

阿曼

西撒哈拉

茅利塔尼亞

馬利

尼日

查德

蘇丹

厄利垂亞

葉門

塞內加爾

甘比亞

布吉納法索

貝南

奈及利亞

中非

南蘇丹

衣索比亞

吉布地

索馬利亞

幾內亞

迦納

喀麥隆

烏干達

肯亞

幾內
亞比索

象牙海岸

賴比瑞亞

獅子山

多哥

赤道幾內亞

聖多美普林西比

加彭

剛果共和國

剛果
民主共和國

盧安達

蒲隆地

坦尚尼亞

塞席爾

葛摩聯盟

大西洋

英屬阿森松島

英屬聖赫勒拿島

安哥拉

尚比亞

辛巴威

馬拉威

莫三比克

模里西斯

納米比亞

波札那

馬達加斯加

史瓦濟蘭

南非

賴索托

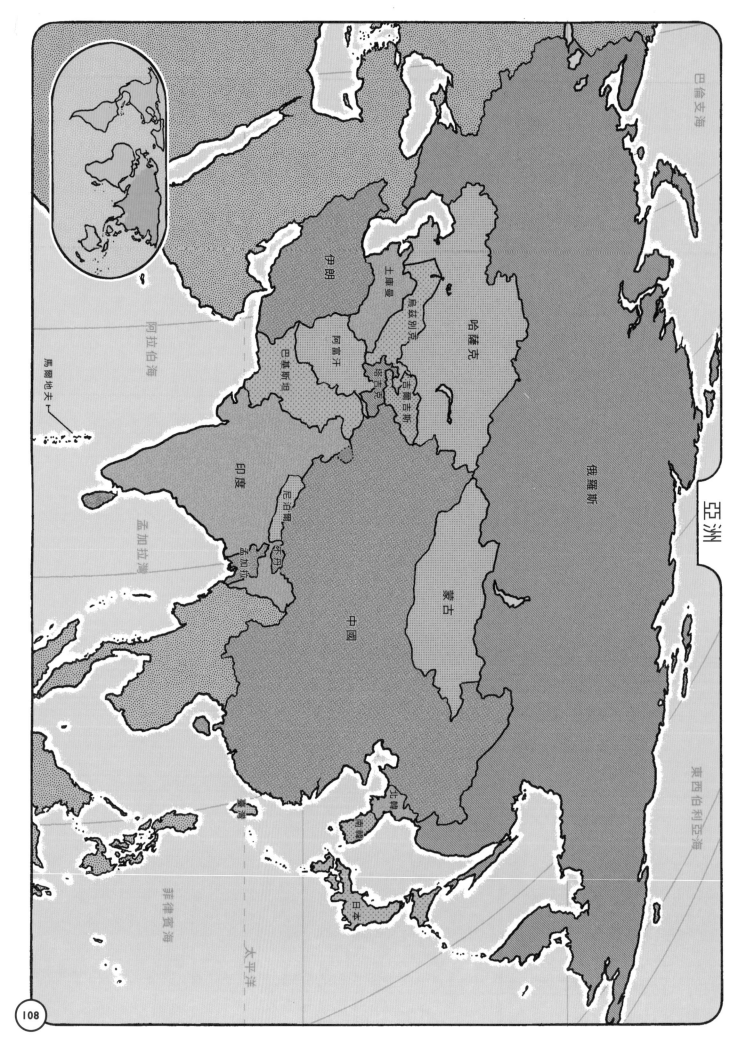

亞洲

巴倫支海

阿拉伯海

馬爾地夫

孟加拉灣

菲律賓海

太平洋

東西伯利亞海

伊朗

土庫曼

烏茲別克

哈薩克

俄羅斯

阿富汗

巴基斯坦

吉爾吉斯

塔吉克

印度

尼泊爾

不丹

孟加拉

中國

蒙古

臺灣

北韓

南韓

日本

東南亞

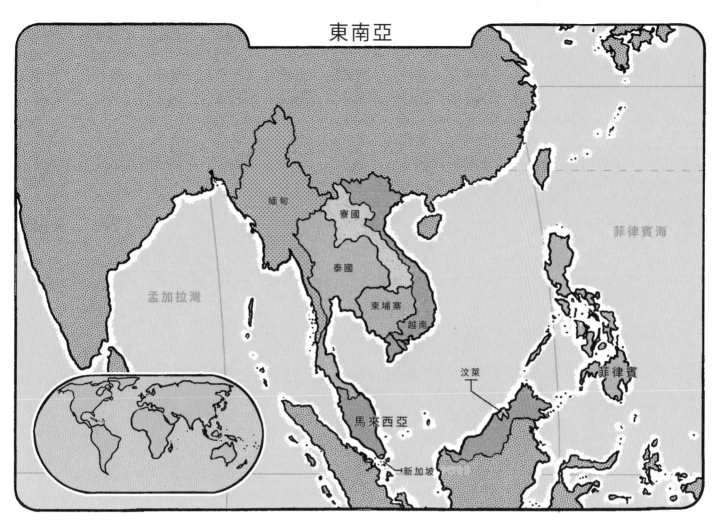

緬甸
寮國
泰國
孟加拉灣
東埔寨
越南
菲律賓海
汶萊
馬來西亞
菲律賓
新加坡

大洋洲

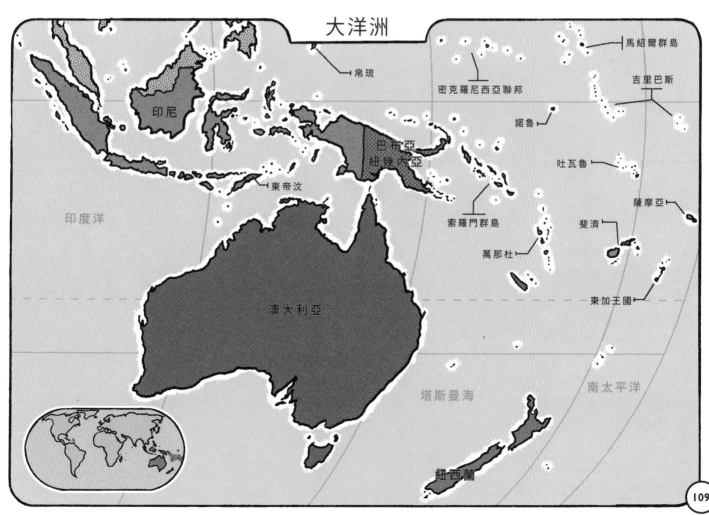

帛琉
馬紹爾群島
密克羅尼西亞聯邦
吉里巴斯
諾魯
印尼
吐瓦魯
巴布亞
紐幾內亞
薩摩亞
東帝汶
索羅門群島
斐濟
印度洋
萬那杜
東加王國
澳大利亞
塔斯曼海
南太平洋
紐西蘭

Flying Colors
國旗的故事
世界國旗的設計、歷史與文化
Flying Colors – A Guide to Flags Around the World

繪者　　羅伯特‧G‧弗雷森（Robert G. Fresson）
作者　　羅賓‧雅各布（Robin Jacobs）
翻譯　　蔡伊斐
責任編輯　謝惠怡
美術設計　郭家振
行銷企劃　蔡函潔

發行人　　何飛鵬
事業群總經理　李淑霞
副社長　　林佳育
副主編　　葉承享

出版　　城邦文化事業股份有限公司 麥浩斯出版
E-mail　cs@myhomelife.com.tw
地址　　104台北市中山區民生東路二段141號6樓
電話　　02-2500-7578

發行　　英屬蓋曼群島商家庭傳媒股份有限公司城邦分公司
地址　　104台北市中山區民生東路二段141號6樓
讀者服務專線　0800-020-299（09:30～12:00；13:30～17:00）
讀者服務傳真　02-2517-0999
讀者服務信箱　Email: csc@cite.com.tw
劃撥帳號　1983-3516
劃撥戶名　英屬蓋曼群島商家庭傳媒股份有限公司城邦分公司

香港發行　城邦（香港）出版集團有限公司
地址　　香港灣仔駱克道193號東超商業中心1樓
電話　　852-2508-6231
傳真　　852-2578-9337

馬新發行　城邦（馬新）出版集團Cite（M）Sdn. Bhd.
地址　　41, Jalan Radin Anum, Bandar Baru Sri Petaling, 57000 Kuala Lumpur, Malaysia.
電話　　603-90578822
傳真　　603-90576622

總經銷　　聯合發行股份有限公司
電話　　02-29178022
傳真　　02-29156275

製版印刷　凱林彩印股份有限公司
定價　　新台幣650元／港幣217元
ISBN　　978-986-408-462-3
2019年1月初版一刷‧Printed In Taiwan

國家圖書館出版品預行編目（CIP）資料

Flying Colors國旗的故事：世界國旗的設計、歷史與文化 / 羅伯特.G.弗雷森(Robert G Fresson)繪；羅賓.雅各布(Robin Jacobs)作；蔡伊斐譯. -- 初版. -- 臺北市：麥浩斯出版：家庭傳媒城邦分公司發行, 2019.01
　面；　公分. -- (Design closet ; 41)
譯自：Flying colors : a guide to flags from around the world
ISBN 978-986-408-462-3(精裝)

1.國旗 2.國家

571.182　　　　　　　　　　107022377